老玩童漫遊阿拉伯

沙特阿拉伯、巴林、約旦、黎巴嫩

香港亨達集團
創辦人及名譽主席
鄧予立——著

推薦序1

面對中東：他始終有一雙發現美的眼睛

藝術大師羅丹說過一句話：「這個世界，並不缺少美，缺少的是一雙發現美的眼睛。」而本書作者，香港亨達集團創始人鄧予立先生就若羅丹一樣，有一雙發現美的眼睛。

我與鄧先生相識已近十載。那時我在省委統戰部任副部長，因為工作關係我們成了好朋友。好朋友之間，自然會天文地理、人文歷史胡侃八侃，聊到哪兒算哪兒，可謂無話不說、無祕不談。從閒聊中悉知，鄧先生可不是一般的金融家、企業家、慈善家、收藏家，而是在這些形而下的稱謂之上，還應有一個響噹噹的形而上的名號：那就是藝術家。

我很好奇，鄧先生那麼忙，哪有時間再去鑽研攝影藝術。鄧先生告訴了我一個祕密，這麼幾十年，他每天睡覺只有三到四個小時，餘下的時間，用來工作和旅行攝影，他要把這個地球上所有的美好，用他的鏡頭展示給那些沒有條件去漫遊世界的人。截至目前，他已經走遍了世界上80%以上的國度。這本攝影遊記，就是他遊歷中東的成果。

提起中東，人們的腦海中不自覺地會浮現出「中東戰爭」。那是一塊紛爭不斷的土地，很多地方都留存著戰爭的痕跡，個別地方可以用滿目瘡痍來形容。但是，這又是一塊歷史悠久的土地，在這塊土地上，承載著人類早期文明的足跡。你走在這裡的每一寸土地上，都會感知到遠古的呼喚：

那些宗教的紛爭、那些民族的矛盾、那些國與國之間的分分合合，都揉成了一股雲煙，飄蕩在這片神奇的土地上。

而鄧先生來到這塊土地上，用他獨特的視角，在尋找著這塊土地的神祕、這塊土地的驚奇、這塊土地的美麗。從沙特到巴林，從巴林再到約旦，再從約旦到黎巴嫩，鄧先生的鏡頭中，記錄著每一個玄妙的瞬間，凝固成一個一個音符，組成了這樣一部攝影作品的交響曲。

有攝影圖片，自然要寫圖片的來歷，這個過程就催生了一篇一篇的遊記。鄧先生的遊記往往有感而發，並非簡單的遊歷紀實，所以，他的遊記不僅展示了「遊」的浪漫，也滲透了散文那種特有文體的美麗。我實在不想從內文中摘錄片段進行注解，也不想從遊記中尋找一些著名的景區進行佐證。我感覺這樣做，就如一桌豐盛的美食，客人還沒來，你就先動了筷子。真正美食的味道，還要客人自己去用自己的味覺感知。

鄧先生在管理企業上有一個觀點，他認為企業就是一件藝術品，雕塑的好與不好，精細還是粗糙就要靠藝術家，而這個藝術家就是管理者。鄧先生就是企業管理藝術的大家。而今，鄧先生又深入攝影藝術、文學藝術，展示自己藝術的另一面，真是可喜可賀。

眾所周知，鄧先生樂善好施，是慈善事業的忠實踐行者。前幾年，鄧先生捐資壹百萬元（註：人民幣），支援西安美術學院學科建設與青年教師人才的培養，並被聘為西安美術學院博物館名譽館長。西安美術學院是西部地區久負盛名的藝術學府，其中也設有攝影專業，在西部乃至全國都有一定的影響，此次鄧先生的遊記攝影作品再一次出版問世，也是西安美院的殊榮。在此，作為西美的領導，對鄧先生表示祝賀的同時，也道一聲深深的感謝！

天下之美，無人不愛。也衷心希望讀者跟著鄧先生的視角，盡情去體驗中東的歷史之美、文化之美、風光之美。

是為序。

王家春

西安美術學院黨委書記

二〇一八年十一月十九日

推薦序2

真正的旅遊達人

我與鄧兄的認識是由從事黃金生意時開始，當時他開了亨達集團，至今已有近十五年了。

近年鄧兄退居幕後，常看到他周遊列國的相片，享受優哉游哉的生活，實在令人羨慕。他選擇在事業如日方中的階段，同時向新興趣進發，還不遺餘力地舉辦多次攝影展及著書，將他的所見所聞跟大家分享，讓我們大飽眼福，這份熱誠及勇敢並不容易。

鄧兄是少數以文字和專業拍攝，帶大家遊歷不同國度的旅遊專家，是真正的「旅遊達人」。上次在東北攝影展及著作上，我看到他的拍攝裝備及資料搜集都非常專業和齊備。他更跟我們分享了他在拍攝過程中的「甜酸苦辣」，為了精益求精，他會在不同季節多次到訪當地，務求拍得最佳效果，這份堅持實在令人敬佩。

早前看了鄧兄的《老玩童闖印度》後，讓我有一遊印度的衝動。今次鄧兄出版的第十一本博文集，將帶大家遊歷世界最大的半島——阿拉伯半島，書中描述了當地的歷史文化、宗教、自然生態等。看過鄧兄的用心介紹，一股要到當地開開眼界的意欲油然而生。

這本中東之旅，更令我想起，一部我很喜愛的電影——《奪寶奇兵》第三部（註：臺灣譯為印第安納・瓊斯系列電影《聖戰奇兵》）。這部片的拍攝場地正就是坐落於阿拉伯半島，作為世界新七大奇跡之一的約旦佩特拉玫瑰古城。

這本書有別於坊間的旅遊書，它是一本實實在在的遊歷記載，值得大家閱讀和珍藏！

張德熙

金銀業貿易場理事長

推薦序3

中東四國的古文明現場

南朝劉宋畫家宗炳撰寫《畫山水序》，闡釋賢者周遊四方，以澄明的心懷細賞山水萬象，將觀察所得，以形寫形，以色貌色，將千里江山化為山水畫作，以畫傳理，分享仁智之樂。鄧予立先生的新作與宗炳的山水畫，有二曲同工之妙。鄧先生遊覽沙特阿拉伯、巴林、約旦、黎巴嫩的旅途所觀所感化為文字與圖像，令讀者能夠「臥遊山水」，足不出戶亦能享受山水之樂。

鄧先生對於上述中東四國的政治、經濟、宗教及文化特色了然在胸。這四國在他筆下活靈活現：沙特阿拉伯儼如沙漠中的皇者，近年實行改革，除了建造氣派非凡、鶴立雞群的「吉達塔」與「王國中心」，更積極發展金融業，讓利雅得成為「沙漠的曼克頓」，以傲視中東甚至全球。巴林王國被喻為「海灣的明珠」，似是一位幾經歷練、仍舊風韻猶存的婦人。她面朝大海，春暖花開，是風光怡人、讓人閒適的後花園。約旦本身缺乏天然資源，與巴勒斯坦、以色列、敘利亞等戰事頻仍的國家接壤，面對形勢比人強，約旦周旋列國之間，結合多元文化，終能歷久不衰，彷彿是深諳適者生存之道的智者。黎巴嫩恰似一位具有異國風情的美人兒，歷來獲得迦南、古羅馬、腓尼基及鄂圖曼等國垂青，卻不時遭受戰火蹂躪，依然如香柏樹般堅毅屹立，惹人憐愛。在遊山玩水之外，鄧先生亦往往早著先機。譬如書中述及巴林政府在西部海域發現儲油量達到百億噸的大油田，預示樂觀的發展前景。鄧先生享受「壯遊」之樂，同時尋找商機外，更是對中國「一帶一路」倡議的關切與積極回應。遊山玩水之中，其實蘊含了他深厚的愛國情懷。

不同於宗炳志於佛理，鄧先生始終心懷天下，以古鑑今，思考國家興亡。令人印象深刻的一幕，是他站在頹垣敗瓦上，面向日落潮退，遙想過去在巴林盛極而衰的迪爾蒙古文明。這種感慨仿如昔日蘇軾赤壁懷古的心情，面對如畫江山，憶念一時多少豪傑。在黎巴嫩巴爾貝克神廟群的石柱遺跡前，鄧先生深刻地反思：

今日的我們，又將留給千百年後什麼樣的遺產，用來證明我們所生活的這個時代。是否能讓後人們，如現在我們仰望這些巍巍屹立千年的石柱一樣，感到同樣的撼動？

這不禁令人思考，生於斯，長於斯，我們是否能在這城市留下一些值得存留的遺產，足以啟迪後世？鄧先生以遊記分享仁智之樂，或許已在不知不覺間，給人同樣的撼動。

何碧琪博士
香港中文大學文物館副研究員
二〇一八年十一月二十四日於東京淺草

推薦序4

A most enjoyable journey through Arabia

Mr Tang got his first taste of Middle Eastern customs and traditions on a trip to Dubai twenty years ago. Since then he has visited the region numerous times travelling across Saudi Arabia, Bahrain, Lebanon and Jordan exploring what this wonderful Arabian terrain has to offer. From the magnificent sight of the Edge of the World in the Tuwaiq Mountains northwest of Riyadh with splendid views of the plain below, the First Oil Well in Bahrain, the Phoenician city of Baalbek in the Beqaa Valley to the spectacular red rose Nabataean city of Petra one of the New Seven Wonders of the World.

As well as its mysterious history, Mr Tang has submerged himself in the culture and the culinary delights that the Arabian Peninsula and the Middle East has to offer. He has visited places that most people would not have had the privilege to have visited and as a keen photographer he has managed to capture some wonderful images of iconic Heritage sights like Anjar and Byblos in Lebanon and Jerash in Jordan, Balad in Saudi Arabia and the mystical Tree of Life in Bahrain.

A most enjoyable journey through Arabia and the Middle East taking in some of the best sights this diverse landscape has to offer and the history behind them.

Hayel Abu Hamdan

Chief Operating Officer of Hantec Markets Limited

推薦序4

中譯

鄧先生與中東傳統與習俗的初次邂逅始於二十年前的杜拜之旅。從那時起，鄧先生便多次踏足這片土地，在沙特阿拉伯、巴林、黎巴嫩和約旦的版圖上尋找阿拉伯世界的神奇。他曾深入位於利雅得西北部的圖偉克山脈（Tuwaiq Mountains），站在氣勢雄偉的世界邊緣（Edge of the World）將腳下浩瀚壯闊的平川盡收眼底，探訪過位於巴林的「一口井」，遊歷過腓尼基人在貝卡谷地巴爾貝克的定居地，也曾獨闖被評為世界新七大奇跡之一，由納巴泰民族創建的滄海遺珠，美麗的「玫瑰古城」佩特拉。

除了神祕的歷史，阿拉伯半島和中東特有的文化和美食也讓鄧先生樂在其中。他探索的是大多數人並沒有機會親身而至的地方，而作為一個敏銳的攝影師，他總是能夠捕捉到古跡中最有標誌性的一面，無論是在黎巴嫩的安傑爾和比布魯斯，約旦的杰拉什古城，還是在沙特阿拉伯的阿爾巴拉德，當然這些生動的美圖中也包括被巴林人視為奇跡的「生命之樹」。

在穿越阿拉伯和中東旅程中最愉悅的事情，無疑是一邊領略豐富地貌中最美麗的風景，一邊沉浸在沿途背後悠悠的歷史長河中。

Hayel Abu Hamdan

Chief Operating Officer of Hantec Markets Limited

推薦序5

從第一百四十二個國家出發

當鄧先生要我替他第十一本博文集《老玩童漫遊阿拉伯：沙特阿拉伯、巴林、約旦、黎巴嫩》寫序時，仔細一算，才赫然發現我認識鄧先生已十六年了。

這些年來，每當鄧先生準備前往某地出差開會，安排行程時，他總是老話一句：「我這次可以順道到哪些地方旅遊？」這時我就會開啟搜尋模式，打開google地圖，按著游標開始研究旅行路線，模擬好整趟行程後，就大膽地建議鄧先生前往。

鄧先生有個非常令人佩服的特點，就是從來不排斥及畏懼前往新的國度，他尤其喜愛新體驗及嘗新鮮事。此外，儘管身為集團的大老闆，卻絲毫沒有架子，喜愛結交朋友，在每個國家替他安排的導遊或司機，最後都成為他的好友和萬年粉絲，這一點真不是普通人可以辦到的。

鄧先生樂於和人分享已是眾所皆知。一開始，他為了更進一步分享旅遊中的所見所聞而開始執筆，不料博文集竟因此一本本接續出版。而後他希望將旅遊中遭遇的自然與人文景色更好地保留下來，更意外培養出攝影的興趣，甚至經常廢寢忘食，讓人見識到他的執著與精益求精。

隨著旅遊的地點愈來愈多，他累積的粉絲也愈來愈多，大夥兒就像追劇一樣，盼著他踏上新國家，將旅途中的點點滴滴PO上朋友圈。當然，他也因此被好友們贈予「老玩童」這樣一個封號。

走過百餘個國家的鄧先生除了為好友們開啟新眼界外，每到訪一個新國度，他往往同時具備兩種角色，一是愛旅遊的老玩童，一是商業鉅子的集團主席，並在不同的角色間切換自如，開關模式自動ON／OFF。前一刻還在探訪各旅遊景點的風土民情，一旦嗅到契機，下一刻立即通知公司團隊跟進，深度了解當地市場。許多分公司都是由他這樣打前鋒而開設成立，成功的讓集團在世界版圖上占有一席之地，並且愈來愈茁壯！

這麼多年的出差兼旅遊，在老玩童身上自然也發生過不少意外事件。由於他通常一個人獨自遊走各地，難免會忘東忘西，例如他曾經在機場休息室睡過頭，連登機都沒趕上；有一次更誇張，才到轉機點就以為抵達目的地而入境該國，勞動航空公司人員滿機場瘋狂找人。另外，他對於旅程中的住宿其實要求不多，但有個特別的堅持，就是不住數字包含了「4」的房間。若酒店安排有「4」的房間號，他一定要求更換房間。

老玩童給自己訂了一個目標，要在七十歲之前，旅遊150個國家，而黎巴嫩正是他到訪的第142國家。我相信他一定能夠在二〇一九年完成150國家的旅遊計畫，更期待老玩童繼續邁入第二輪的150國家！

陳淑燕

亨強國際旅行社總經理

目錄 *Contents*

巴林 070

約旦 088

黎巴嫩

沙特阿拉伯

沙特阿拉伯（沙烏地阿拉伯）是在阿拉伯世界中地理面積第二大的國家，僅次於阿爾及利亞。

北方與約旦和伊拉克接壤；東北與科威特接壤；東邊和卡塔爾、巴林及阿拉伯聯合大公國交界；東南方和阿曼接壤；南方則與也門交界。

她是唯一同時擁有紅海和波斯灣海岸線的國家，國土面積大部分是由不宜居住的沙漠及貧瘠的荒野組成。然而，她是世界上石油生產量及輸出量最高的國家，被列為世界收入最高的國家之一。

作為中東伊斯蘭世界成員，沙特阿拉伯採用君主世襲制，政教合一的威權政權。

黃沙路迢迢的沙特之旅

二〇一七年二到三月，沙特阿拉伯（Saudi Arabia，臺灣譯為沙烏地阿拉伯）國王薩勒曼展開一場高調的亞洲之行，陸續到訪馬來西亞、印尼、文萊（臺灣譯為汶萊）、日本，三月十五日則到中國進行為期三日的訪華行程。

此行的陣仗十分龐大，非常引人注目，代表團近一千五百人，行李逾五百噸，其中還包括兩部讓國王走出機艙便可以搭乘下到地面的鍍金自動電扶梯。據稱在東京訪問期間，代表團預訂了一千兩百間高級客房，並以數百輛豪車代步，著實令人大開眼界。

在中國的訪問也深受矚目。中國是沙特最大的出口國及進口國，雙方經貿往來頻仍。沙特目前

吉達機場大廳，寬敞舒適

致力於經濟轉型，不希望將全國的經濟押在石油產業上，雙方此次簽署了多項協議和諒解備忘錄，在石油與非石油領域上，更進一步推動兩國之間的相互合作，加深雙邊關係。

典型的沙漠之國，可耕面積占全國1%

很湊巧的，二〇一六年十一月秋末冬初，我也才剛經歷一段「沙漠之國」沙特阿拉伯的旅程。沙特阿拉伯位於世界最大的半島——阿拉伯半島（Arabic Peninsula）上，半島在亞洲和非洲之間，總面積約三百多萬平方公里。我從二〇一二年開始，就頻繁往返半島，甚至在阿聯酋的迪拜（Dubai，臺灣譯為迪拜）建立了公司據點。除此之外，我分別到過阿曼、卡塔爾、科威特。二〇一七年的炎夏七月，更前往約旦首都安曼，獨闖紅岩峽谷的玫瑰古城佩特拉，還漂浮在美麗又神奇的死海上。此次半島行，唯一的目的地就是沙特阿拉伯這個伊斯蘭教的發源地了。

沙特阿拉伯是阿拉伯半島上最大的國家，國土約占整個半島的80%，相等於新疆和青海兩省區的面積總和。沙特剛好在半島中央，東瀕波斯灣，西臨紅海，是半島上唯一一個同時擁有兩條海岸線的國家，不過她大部分土地都是貧瘠的荒野，差不多有一半是荒茫的沙漠，適合耕種的土地不到全國的1%。

天無絕人之路，大抵是上天給予的補償，土地貧瘠的沙特卻擁有極為豐富的自然資源，尤其沙特的名字幾乎可以與石油劃上等號，被稱為「石油王國」——她是世界最大的石油生產國和出口國，石油儲藏量也僅次於委內瑞拉，為世界第二多，隨著持續的探勘開發，石油的儲量仍不斷增加。石油的發現，改變了沙特的命運，使她從傳統的農耕游牧蛻變為石油化工業的國家，也一躍成為全球最富裕的國家之一。

其實對於沙特，我認識的並不多，大部分都是聽來的傳聞：該國仍然是一個政教合一的君主專制國家，全國人民必須是穆斯林，外國人要移民到此並不是件易事。目前全國人口約三千多萬，其中20至30%是外來人口。在信奉伊斯蘭教的人之中，約85%屬於遜尼派，僅有15%是什葉派。

沙特擁有兩個聖城，一是麥加（Mecca），一是麥地那（Medina）。麥加是所有穆斯林心中共同的聖城，是先知穆罕默德的誕生地和伊斯蘭教的發源地，信徒每天都要朝麥加城的方向行禮跪拜五次，唸誦《可蘭經》；麥地那是穆斯林的第二聖地，是先知穆罕默德復興伊斯蘭教初期的政治、宗教活動中心，亦是其安葬之地。兩者皆為全球穆斯林必來朝覲的聖地。

女性的統一服裝：黑袍、黑面紗、黑手套、黑鞋襪

沙特的治安相當良好，皆因對國民的管治十分嚴厲，執法嚴峻，仍然保存鞭刑、剁手刑罰和斬首等。再者，人民的信仰非常虔誠，宗教本身對於人們也十分具有約束力。沙特除了維持社會治安的警察外，特別的是還有一批宗教警察（Religious Police），他們由一群「志願者」或「執法者」組成，根據《可蘭經》經文規定，維護宗教風紀。這些宗教警察身穿白袍，攜帶木棍或皮鞭，每天在

市內巡邏執勤。一旦遇見違背宗教風紀行為的人，無論國民或外籍人士，都會揮起木棍、皮鞭抽向他們，毫不手軟，往往被西方社會認為是「不文明」的行為。不過近一兩年來，宗教警察已經日趨少見了。

沙特對女性服飾的要求，相較於半島上其他六個國家，是更為嚴格的。當地的婦女全身都必須罩上黑袍、黑面紗、黑手套，甚至連鞋襪都是黑的，外人唯一能見到的只有一雙明亮的眼睛。就連前來旅遊的女性，也一視同仁。一踏進入境大堂，女性就必須與男性分開，若服裝未遵守規定，就會立即被要求披上一襲特別為女性旅客準備的黑色長袍和頭巾，然後才准許過關。然而對女性裝扮如此嚴格的規範之下，黑袍的樣式其實也非一成不變的，除了最普通單調的，另外也有帶了花紋圖案的，或者在邊緣或袖口裝飾不同顏色的滾邊，據說有些昂貴的黑袍上甚至還鑲了鑽呢！

來沙特，禁忌不可不知

出發到沙特前夕，我被一再提醒，許多重要的宗教聖地、古跡都只對穆斯林開放，像我這樣的外地旅客是不能隨便進入的。臺灣旅行社的陳總知道我喜歡拍照，又愛隨處抓拍，更是絮絮不休地叮嚀我，千萬不要把在其他國家的習慣帶到沙特，在公眾場所不可把黑衣婦女攝入鏡頭，更不要在聖跡一類的地點隨意拍照，否則會招致不必要的麻煩。林林總總一堆規條，真讓我感到有點惶恐。

值得一提的是，要到沙特，必須先申請當地的入境簽證，可是申請過程和手續並不容易，而且耗時較長。我打聽過申請入境簽證分為朝覲、訪問和工作簽證，並沒有一般國家的旅遊觀光簽證。感謝中國駐沙特使館朋友的關照和幫助，使我只花一個小時就在北京的沙特使館獲得「特事特辦」的入境簽證，也讓我這趟黃沙萬里行得以實現。

經過十多個小時的航程，我搭乘的飛機終於徐徐降落在有「帳篷城」之稱，以開國君主名字命名的吉達阿卜杜勒—阿齊茲國王國際機場（King Abdulaziz International Airport）。

吉達（Jeddah）是沙特第二大城市，距離麥加聖城不過七十多公里，因而每年的朝覲期間，機場總是擠滿了來自世界各地的朝覲者，根據統計，每年單是正式朝覲期間接待的旅客就逾兩百多萬人，若再加上副朝（正式朝覲以外時間進行的朝覲）和觀光遊客等，人數就更多了，可說是世界上最為繁忙的機場之一。

白色帳篷設計的吉達阿卜杜勒—阿齊茲國王國際機場，融合傳統阿拉伯和現代風格設計，且有折射陽光、通風等環保功能

機場共有四個航站樓，分別是王室專用、朝覲專用、沙特航空公司專用和其他航空公司使用。其中的朝覲航廈（Hajj Terminal）非介紹不可，它占地面積達一百零五平方公里，可同時容納八萬多名旅客。特別之處在於它屬於室外航站樓的型態，採用法國人的設計，融合傳統阿拉伯和現代風格，新穎創意。整個航廈用帳篷覆蓋，採用鋼柱支撐，帳篷是以一種反光的玻璃纖維製成，有效地把75%的陽光折射出去，降低了機場的酷熱程度，加上室外航廈四周並沒有用牆壁圍起，更多了一重通風的作用。

我搭乘擺渡車（Shuttle bus，接駁車）經過航廈時，遠遠望見一片白色的大帳篷，非常壯觀。這令我回想起幾年前曾經去過澳洲北領地沙漠中的艾爾斯岩渡假村，該處也是採用白色帳篷設計，頗有異曲同工之妙，不過論及規模，當然無法與吉達機場這兩百一十頂高四十五米的傘形帳篷相匹比了，今天它已成為吉達的地標性建築。可惜我乘坐的航機停泊在北航站樓，只能遠觀，無緣近距離欣賞它的特別設計。

紅海新娘——吉達

一座大型的地球儀，四周環繞綠色的沙特國旗

大抵是目前並非朝覲季節的緣故，吉達機場的入境旅客不多，我也未因為身分非伊斯蘭教徒的關係而受到刁難，只花了二十多分鐘，就順利通關了。

走出機場，迎面撲來一股熱流，雖然是清晨時分，氣溫已達攝氏二十八度了。前來接我的司機表示，十一月剛好是冬季開始，氣溫比十月時的秋季低得多，而且吉達臨近紅海，氣候溫和宜人，是旅遊的好時節。

前往市中心酒店的公路上，未見擁擠繁忙的交通，林木甚少，散落在兩側的民房疏落，卻見到不少藝術雕塑。進入市區前，一座大型地球儀映入眼簾，這座球形塑像在夜晚會點起彩燈，非常亮

左：紅海海濱大道夜景
右：海濱大道旁的藝術裝置

麗，是吉達的市區景點之一。沙特政府不想把國家的經濟全押在石油產業上，近年已經開始著手發展旅遊業，除部分伊斯蘭的聖地古跡不對外開放，更多城市都將歡迎世界各地的旅客。

球體的周圍插滿綠色的沙特國旗，國旗上的圖案是白色的「花紋」和一柄寶刀，白色代表的是純潔，而這「花紋」是用阿拉伯文書寫的清真言：「萬物非主，唯有真主；穆罕默德，主之使者」，清真言是伊斯蘭教最根本的信條，代表穆斯林認主獨一的信念，並接受穆罕默德為真主的使者，這段文字是作為一個穆斯林每日都必須誦讀的。國旗上的寶刀則象徵國家會不惜用武力來捍衛伊斯蘭的榮譽。

吉達坐落在沙特西部，臨紅海之濱，有「紅海新娘」的美譽。它是一座歷史逾一千四百多年的古老海港城市，連接亞、非、歐三大洲的重要海運紐帶，又處在兩座伊斯蘭聖城麥加和麥地那的中間，是進入兩地朝覲的主要入口。

初次邂逅吉達，它就讓我留下極好的印象。

它擁有一條長達八十公里的海岸線，政府在海岸線上修築一條海濱大道，是市民休閒的好去處。佇立海邊，可以眺望紅海，尋找《出埃及記》故事的源頭。

今天的吉達，面積約一千兩百平方公里，人口有三百四十多萬，其中三分之一來自外地。吉達不僅是歷史文化的古城，更兼商業和金融中心，又是阿拉伯半島的重要港口，沙特皇室還在此設立行宮，作避暑休閒之用。此外，許多外國領館、國際組織、跨國企業等都在市內設立據點。在沙特國內，是最富有的城市之一，商業繁榮發達。

為了節省時間，我馬不解鞍，立即乘車掠過市中心，直奔與也門（臺灣譯為葉門）接壤的南部哈巴拉（Habalah）山區，聽聞有「戴花環的男人」（flower men）屯居於此。從市區到山區，需要三個多小時車程。半途中，我們經過聖城麥加，我本想央求司機順道進入聖城參觀伊斯蘭的聖地，卻被印度籍的司機勸止。他說城內只限伊斯蘭教徒進入，其他外來人等一律不得擅自踏進，一旦遭到發現，會被宗教警察嚴懲，難逃一頓木棒抽打刑罰。

左：聖城麥加外圍依山勢而築的紅磚平頂民房
右：沙塵飛揚中，隱約可見目前世界排名第三高，有601米的麥加皇家鐘塔飯店

我只好繞城而過，在外圍驚鴻一瞥城內有座聳入雲端的高塔，叫做麥加皇家鐘塔飯店（Abraj Al Bait），它在二〇一二年才建成完工，目前是世界第三高的建築，六百零一米高的鐘塔樓比台北101高出九十多米。雖然公路上沙塵飛揚，鐘塔頂端的黃金新月依然隱約可見。鐘塔上有四面大時鐘，面向麥加大清真寺（或稱禁寺，Al-Masjid al-Haram）的鐘面直徑達到四十六米，比倫敦的大笨鐘大六倍。這是沙特的鴻鵠之志，他們期待這塔樓的時間有朝一日取代格林威治時間，成為新的世界標準時間。由於這家飯店的位置就坐落在禁寺旁，非常方便朝覲的信徒觀看時間。

聖城的外圍是依山勢而築的紅磚平頂民房，擠疊在砂岩的山丘上，我們未停留觀賞，繼續穿過夾在大漠中的公路，途中經過不少市鎮，接著沿曲折的繞山公路向海拔兩千多米高的山地疾行，哈巴拉山區已經遙遙在望。

哈巴拉——懸崖上的戴花人

「哈巴拉」這個名字在阿拉伯文中，是「繩索」的意思，因為這座小村莊自古就建在懸崖之上，遠離市區，幾乎與世隔絕，過去靠著繩梯做為與外界聯絡的交通工具。

這裡的部族來自於阿拉伯西南部的提哈姆（Tihama）和阿西爾（Asir），村內男人一直保留著頭戴花環的習俗。他們每天到山中採摘野生茉莉、金盞花花蕊和紫蘇，編織成美麗花環戴在自己的頭上。傳說這習俗已流傳兩千多年了，至於出自什麼典故、代表什麼意思，就不得而知了。

　　過去哈巴拉不為外人所認識，直到近年政府開展旅遊業，才將此處開拓成旅遊景區，蓋起酒店。為解決交通問題，更從山腰修建登山纜車直達村落。不過政府的用心卻適得其反，戴花族人認為旅客的滋擾已然深深影響到他們原本桃源般的正常生活。這兒的民風強悍，政令是行不通的，諸多事情都交由村落部族來自決，族人攜帶匕首，維持村內的治安秩序，甚至不時與旅客發生衝突，嚴重的還有暴力事件，令人聞之色變。我聽說之後，便也不敢貿然深入，刻意去尋找那些「戴花環的男人」了。

左：花枝招展的駱駝，邀請遊客賞光
右：哈巴拉山頂拍攝到的獮猴

乘坐花駱駝漫遊，賞心悅目的體驗

世界最高的噴泉

雖無緣見到戴花人，但來到山頂，可見清一色用石頭砌成的村落民房，門廊上面刻有精美的雕飾。站在崖邊環視四周，遠望是綿延起伏、雲霧繚繞的山巒；近處則有一層一層錯落有致的梯田。公路仿如一條白蛇，彎彎曲曲繞山而建。

不僅有令人精神大振的自然美景，還可以騎上打扮得花枝招展的駱駝，在崖頂漫遊，伴著身邊一群獼猴互相嬉戲追逐，是相當特別的經驗。

回程路上，公路上車輛愈來愈多，交通一下子擠迫起來，因此耽擱了不少時間。我們足足花了四個多小時，才終於來到漆黑一片的紅海海濱大道。在海面上，我一眼就看到高而寬闊的噴泉，直衝天際。噴泉的水來自紅海，是世界最高的噴泉，從海面上噴出的水柱可達三百一十二米（有一說是兩百六十米），衝到高處的水灑落同時，受到風力吹拂，朝一側傾瀉而下，加上強力打燈的照耀，猶如一面白色的珠簾，令人嘆為觀止。司機表示，每天的黃昏時分，市民雲集於此，席地乘涼觀賞噴泉，是一項重要的娛樂活動。

魅力古城

我在吉達臨海濱大道的酒店過了一夜，次日起來，迎著清晨的海風，漫步在繁華的新城商業區。依海灣而建的海濱大道非常寬闊，道路兩旁包括馬路上的分隔島都植滿棕櫚樹，像一把把巨大的陽傘，將大道變身成一條綠樹成蔭、環境優美的濱海公園，路邊更擺放不少具有阿拉伯風格的雕塑品，充滿藝術氛圍，並蓋起許多涼亭，方便遊人休憩乘涼。

商業區內一座挨著一座的商業大廈，高聳入雲，是酒店、百貨商店和餐館的集中地。這些新建的高樓就如一堵高牆，把後面低矮的舊建築遮擋住。此刻時間尚早，路上未有熙來攘往的熱鬧情景，往來的遊人和車輛寥寥無幾，商業區有點冷清的感覺，反而鴿子和海鷗成群結隊，在草地和沙

海濱大道綠樹成蔭，路邊置放具有阿拉伯風格的雕塑品

灘悠然自得地飛翔和覓食。

吉達的北面，是沙特王室斥資兩百多億美元打造的新城，新城中心有座建築特別引起世人的矚目，那就是正在趕工建設中、耗資達十三億美元的「吉達塔（Jeddah Tower）」。它從二〇一四年開始動工，預估在二〇二〇年完成，建成後這座高一千零八米、近一百七十層的大樓，將超越迪拜的哈里法塔，成為全球最高的摩天大樓。沙特王室的果敢與豪氣令世人瞠目結舌，驚嘆不已。

我曾聽聞上帝創造的人類始祖——亞當和夏娃墓地都在沙特境內，而「眾生之母」夏娃的墓地正是在吉達城，本來打算去參觀一番，然而司機表示墓地面積並不大，加上並沒有文字記載和標誌，視野所及不過是一堆隆起的土丘，是否真的是傳說中的夏娃墓地，至今仍是一個謎。而亞當的墓地，據說在麥加東邊的米納（Mina）一間清真寺內，就更不容易找到了。我聽罷只好打消走訪墓地的念頭，轉往吉達的另一個好去處——阿爾巴拉德（Al-Balad）老城。

興建中的吉達塔，完成後將超越迪拜的哈里法塔，成為全球最高的摩天大樓

世界文化遺產——阿爾巴拉德

老城阿爾巴拉德建於公元七世紀，當時已經是朝觀者進入兩座聖城的唯一海港。公元十六世紀，這裡又曾被鄂圖曼帝國（Ottoman Empire，臺灣譯為鄂圖曼土耳其帝國）占領和統治過，城內保留著豐富而多元的歷史文化，並於二〇一四年被列入世界文化遺產名錄之中。

原本古城以城牆包圍，並有城門四座，如今徒留一座古城門供後人憑弔，不過近年又重建了兩座，至於圍牆則禁受不住歷史的洗禮，早就灰飛煙滅了。為了保留古物，政府撥出巨款，在城內大舉動工修葺，計畫耗費五年時間維修古城，使得阿爾巴拉德古城得以重現昔日的光華。

城區的面積不大，短短半天時間就可以把老城走一遍。讓我留下最好印象的是其中五百多棟兩百多年歷史的房屋，當我漫步城內，彷彿穿越了歷史隧道，回到十六到十七世紀的阿拉伯世界裡。

左：老城城門區景觀
右：維修中的古城門

左：阿爾巴拉德老城一隅
右：左方為正進行全面修葺的Al Shaf'i Mosque清真寺，白色高塔為其宣禮塔

導遊建議遊古城前，最好先參觀兩所博物館，一所是由著名老建築Nasseef House改造成的，另一所是吉達市博物館（Jeddah Municipality Museum），如此一來，可以對吉達古城多點認識。館內介紹阿拉伯人傳統的生活面貌，也陳列很多來自外國的珍藏、文物和珠寶等。

不過我來到的這天遇上祈禱日，博物館大門緊閉不開放。我只好踏上凹凸不平的大理石和花崗岩路面，鑽進古城裡的曲折巷弄。

首先映入眼簾的是一座古老的清真寺Al Shaf'i Mosque，它的裡裡外外正在進行全面修葺。古寺曾遭遇多次水災，地基已然下陷，連宣禮塔都殘破不堪，要把它重新翻修復原，恐怕得花很長的時間和功夫。

左：古城市集
右：牆身凹凸不平，用木板加固的特色建築

木雕鏤空設計的窗台，以及鏤空的窗戶

那些遺留下來的房屋，儘管屋身破敗，卻依然最有可看性。建材很有特色，用上了珊瑚，並以木板加固，所以近看牆身並不平滑，反而凹凸不平。木雕鏤空設計的窗台非常顯眼，窗花的木紋圖案十分美觀精緻，富有鄂圖曼時代的夢幻風格。仔細觀察，可以發現每棟房屋的窗框、大門、門鎖、門扣，甚至門耳都各有不同。

聽導遊解釋，這些鏤空的窗台具有多種功用，除了增添房屋的美觀外，還有通風和透光的作用，更有隔開外界的用途，屋內的女子得以隔著鏤空的窗戶觀看外面的世界，同時遮掩住外人的目光，這樣的設計與印度齋浦爾「風宮」的設計非常相似。

古城的窄小巷弄像蜘蛛網般互相連接，一拐彎或見小廣場，又或是清真寺，隨處藏著驚喜，古色古香的街燈，更是讓古城散發出一股古樸的魅力。最受歡迎的非市集（Souk）莫屬，總是令旅客樂不思蜀、流連忘返。大小商店雲集，售賣各種沙特特產，如乳香（Frankincense）、辛香料、椰棗，它們被稱為沙特「三寶」。吉達人跟其他中東地區的人民一樣喜愛黃金飾物，市集內當然少不了黃金店鋪，不過規模就比我在迪拜所見還小得多。

古城原來的居民在發現石油後，大部分搖身變為新貴巨賈，紛紛外遷到新的富人區，留下來的歷史「遺產」，則成為許多來自周邊也門、敘利亞和巴基斯坦移民的居所，每棟房屋內住滿多戶人家，這個區域也變成了新移民的集中地。

至於市集的商店老板，換上敘利亞人經營，購買當地特產、漂亮的頭巾、黑長袍或傳統手工紀念品等，都得小心挑選，以免買到貨不對辦（貨物與樣本不相符的意思）的冒牌貨。

紅海為何這麼紅？

「紅海新娘」吉達可說是紅海岸邊的一顆明珠。來到吉達，就一定要去看看紅海，探個究竟，到底她為何那樣「紅」？

根據《聖經》的〈出埃及記〉，公元前十三世紀，猶太人的民族英雄摩西（Moses）帶領以色列人逃離埃及，在茫茫紅海前停下腳步，後方埃及法老的追兵緊隨而來，正是前無去路、後有追兵的危急關頭。但見摩西面向大海，高舉神杖，頃刻間一陣風把海水分開兩側，中間出現一條路，讓以色列人平安穿過。待他們走過之後，海水立即合攏，把後面追來的埃及士兵一舉淹沒在大海中。這《聖經》上的故事家傳戶曉，紅海自然也就添上一層神奇的色彩，更加「紅」透半邊天。

私人海水浴場才可以家庭成員一起使用

美麗的海岸線是泳客的天堂，公眾海水浴場區分男、女泳客戲水區

在地理環境上，紅海是阿拉伯半島和非洲大陸之間的狹長內海，全長約兩千兩百公里，最寬的地方為三百多公里，平均水深為五百米左右，然而最深處卻達到兩千兩百米。從它的西北面穿過蘇伊士運河，就可以直通地中海；南面的出海口則是水流湍急的曼德海峽，通過這險惡的海峽與亞丁灣相連。這條連起歐、亞、非三大洲的重要水道，自一八六九年蘇伊士運河的鑿開後，成為世界上最繁忙的航道之一。

紅海為什麼叫紅海呢？是否海水呈現紅色之故？我帶著滿腹疑問，跟隨導遊登上遊艇，深入紅海尋訪內裡緣由。

午後，吉達的上空萬里無雲，視野清晰，讓我得以在艇上盡覽兩岸景物。當遊艇駛近那棟未來世界最高的摩天大樓「吉達塔」時，我清楚望見它周圍豎起一台台吊臂起重機，「吉達塔」頓時彷彿鶴立雞群的巨人。

海濱大道上如同圍幕般的大型涼亭、標奇立異的渡假別墅，以及林林總總放置在大道上的巨型帆船、海鳥、鯨魚等雕塑，目不暇給。美麗的海岸線成了泳客的天堂，特別是每日的傍晚，可見到更多民眾到海灘嬉水乘涼。

在吉達，很多場所，包括餐廳都區分男、女和家庭不同的接待區域，千萬記住不可誤入「禁區」，以免招來麻煩。海水浴場也不例外，有私人和公眾之分。私人海水浴場可以讓家庭男女老少一同使用，而公眾海水浴場就得分開男、女泳客，不能共同暢泳，女性還需要穿著密密實實的黑長袍，就連享受陽光海灘的樂趣也受到教義的約束。想當然耳，在內灣海面上駕駛海上電單車和快艇逐浪嬉水也只能是男士們的專利了。

駕駛海上電單車和快艇逐浪嬉水是男士們的專利

紅海的海水在猛烈陽光的照耀下，呈現了多層次的深淺顏色。可是我僅見到溫柔嫵媚的藍綠色，卻看不見一絲紅色，依舊沒有弄清楚「紅」海這名字是從何而來。

有一說是紅海地處亞熱帶，夾在兩側酷熱的沙漠間，這裡炎熱少雨，海水蒸發強烈，又常年缺乏河水注入，含鹽度相當高。在表層的海水中，有一種紅色海藻生長繁茂，使得海水略呈現紅色，因而得名。

我認為這是最基本的說法，應該還有別的解釋。後來利雅得的朋友提供了不同的說法：由於紅海地近非洲沙漠，經常吹來熱氣流和紅黃色的沙塵霧，不但使天空變暗，海面亦會呈現暗紅色。

更有人說，紅海靠近非洲沿岸的地方，有一片紅黃色的岩壁，經過陽光的折射，使得海水也出現紅色光澤。除此之外，還有一派的學者認為，有些民族會用顏色來代表方位，黑色是北方，紅色則為南方，因此紅海的「紅」字代表的是一種方位，紅海指的是「南方的海」。紅海名稱的由來，還真是眾說紛紜！

紅海邊的水上清真寺

吉達城內雖然有不少清真寺，讓我留下最美麗回憶的，莫過於一座建在紅海邊上的清真寺，因外牆是那麼潔白無瑕，而有「白色清真寺」之稱。導遊表示它是當地最有名氣的清真寺，特別之處在於三分之二的建築是在海面上，由多根石樁承托住。每當漲潮時分，清真寺好似漂浮在海上，因此又被稱為水上清真寺（Floating Mosque）。

我納悶為何清真寺的一半建築要延伸到海上，尚未得知答案之前，原以為不過是一種特別的設計，直到導遊跟我說，伊斯蘭信徒認為「真主的寶座位於水面之上」（《可蘭經》11:7），才令我恍然大悟。我在寺外欣賞這座融合現代和古伊斯蘭兩者的建築藝術，純白精緻的藝術結晶在陽光的照耀和蔚藍海水的襯托下，更顯得聖潔。

導遊表示寺內的穹頂巧奪天工，且可讓傳音既遠又響亮，效果非常好。內部的結構和裝飾亦相當華麗，氣派非凡，寬敞的禮堂可同時讓數千信徒一齊禮拜禱告。外地教徒來到吉達，絕不會錯過這個地方。

導遊更提到，清真寺面東，每逢黎明破曉、太陽躍出海面的一刻，光芒四射，將紅海海水染成了鮮紅，白色清真寺更顯得金光燦燦，映照在海面上。如此美景，怎不令人心曠神怡？

可惜我將結束吉達的行程，未能留待欣賞紅海日出，不過恰逢黃昏落日之際，為了彌補此行的不足，我趕緊轉到西面的紅海岸邊，靜候夕陽西下。只見暮色蒼茫，海面上渾圓的落日彷彿鑲上了一圈紅色的框，隨著時間漸晚、緩緩下墜，如血的晚霞染紅了藍綠色的海水，水面捲起白色的浪花，構築成一幅令人陶醉的美麗圖畫。

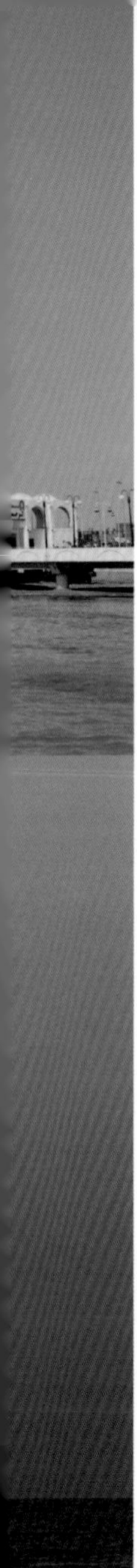

上：純白的水上清真寺由石樁承托，彷彿漂浮於海上
下：紅海落日

神聖的克爾白

眾所周知，麥加是全球數以億計穆斯林心目中的聖城，我雖然心嚮往之，卻限於沙特的國家法令，無法進城參觀，實在是非常可惜。

這次我往返山區景點途中，曾兩次經過聖城。城外的路標寫著「非穆斯林禁止進入（No Entry for Non Muslems）」，除阿拉伯文外，還加上英文、法文、德文、義大利文、日文、韓文等其他六種文字，避免外國人士因為語言不通而引起誤會。

我有次在北京時，與熟悉當地的老朋友聊起，他說到沙特若想進入聖城、聖跡等地方，辦法只有一個，就是成為穆斯林，此外別無他法。穆斯林不僅可以無礙地進入麥加，還可以到大清真寺朝

通往麥加的大門Mecca Gate

覲天房克爾白（al-Ka'bah）。

難得到沙特一趟，我很想把握此行機會多走多看，便向司機保證我願意承擔「闖城」風險，如果因此發生不愉快事件，我自行負責，也可以多付小費給他作為補償。不過無論我如何遊說，都未能改變他的心意。他表示警察會隨時檢查護照和證件，若沒有註明穆斯林身分的話，一定遭到驅逐或處罰，這項規定不僅針對觀光旅客，就連外國使館官員以及採訪的外國記者都無例外，勸我不必嘗試。最終我只得懷著失望的心情悵悵而返。

滲滲泉的由來

麥加的位置在沙特西部，群山環抱的山谷裡，地勢低窪，降雨量低，終年高溫乾燥。根據《可蘭經》所述，麥加的歷史可以遠溯至公元前兩千年，阿拉伯人的先知易卜拉欣（也就是亞伯拉罕，傳說為阿拉伯人和猶太人的共同始祖）和其子伊斯瑪儀（以實瑪利）在此建造了克爾白。先知穆罕默德時期之後，麥加更成為所有穆斯林最神聖的地方。至今每年在朝覲期間，就有超過三百萬人進入，加上平日的副朝和非朝覲的群眾，那就更多了。單靠朝覲等活動，就能夠帶旺當地的酒店業、旅遊業、餐飲業，更帶動了經濟發展。政府近年不斷進行舊城區的修繕，並建起新城區，許多現代化的建築，如雨後春筍，改變了古城的外貌。

其實早在先知穆罕默德誕生之前，麥加就已是駱駝商旅的市集和交易中心。奇怪的是麥加缺水少雨，為何能夠成為阿拉伯半島一處商業集中地呢？這就不得不提起被教徒奉為聖泉的「滲滲泉」了。

滲滲泉（Well of Zamzam）在阿拉伯語即「水流聲」的意思，關於它的傳說有多個版本，而最為普遍流傳的是先知易卜拉欣遵照真主的旨意，將妻子哈吉爾和幼子伊斯瑪儀單獨留在沙漠中。為了尋求協助和飲水，哈吉爾七次往返賽法和麥爾沃兩座山丘之間，卻始終未能尋到水源，真主有感於她的愛心與信念，當她帶著絕望的心情回到幼兒身邊時，伊斯瑪儀在地上用力蹬腳，一股清泉突然從地下源源不絕湧出，這就是滲滲泉的由來。

穆斯林朝觀的其中一個儀式，就是在賽法和麥爾沃兩座山丘之間來回走或跑七次，仿傚哈吉爾來回七次尋找水源的故事。幾年前，政府甚至在兩座山丘間修建一條長約四百米且有空調的長廊大廳，方便朝覲的教徒行走。

而到過滲滲泉的穆斯林朋友告訴我，他們會飲用聖泉之水，有些信徒還將聖水盛裝起來，帶回去當作餽贈親友的禮物呢！

伊斯蘭歷史上第一座清真寺

在滲滲泉的東南面，就是伊斯蘭歷史上第一座清真寺——天房克爾白。

據《可蘭經》說，克爾白是真主「為世人創設的最古的清真寺，確是在麥加的那所吉祥的天房，全世界的嚮導」（《可蘭經》3:96），經此一說，其神聖的地位就不言而喻了。

克爾白立於禁寺中央，不但是穆斯林朝拜的正方向和朝覲中心，也是伊斯蘭教文化的中心，被教徒尊為「天房（The House of God）」。克爾白是一座立方體的殿宇，長約十二米，寬約十一米，高十三米，以花崗岩為建材。目前所見到的克爾白，已非數千年前先知易卜拉欣所造，而是經過多次修葺過的。

克爾白的四角都有不同的名稱，分別是北面的伊拉克角、西面的沙姆角（敘利亞角）、南面的也門角，以及東面的黑色角（黑石角）。黑色角是以一塊「天降黑石」的聖物為名，是信徒必到之處，上頭鑲嵌一塊微紅泛褐色的黑石，直徑約三十釐米，其實是一塊隕石，目前外表用銀框包圍固定，以妥善保護。相傳此石是易卜拉欣留下的聖物，據伊斯蘭的傳說，黑石最初落至地球時是白色的，後來由於人類的罪惡而逐漸轉變為黑色。每當信徒在環繞天房朝覲時，都會模仿當年穆罕默德撫摸和親吻黑石。

為了保持天房的純淨神聖，平時會以黑色的錦緞帷幔覆蓋，上面有金絲線精繡的《可蘭經》經文作為邊飾，這種帷幔叫做「基斯瓦（Kiswah）」，聽說光是使用的金線就耗費約一百多公斤的黃金，真是價值連城。過去曾有一段時間，基斯瓦是在埃及製造的，並以麥哈米勒（一種用駱駝牽拉的轎車）專程運到麥加進行更換。不過目前已經改由麥加當地的一座工場專門製作了。

基斯瓦每年會進行更換，朝覲期間，沙特國王親率國家官員和宗教領袖，邀請外交使節、國際友人一起出席更新基斯瓦的儀式，典禮非常隆重。換下來的舊帷幔會分割成小塊，當聖物分贈送給來觀禮的教徒。

克爾白聖殿內同樣莊嚴神聖，以三根巨大的柱子支撐，內牆的下半部和地板都以大理石鋪設，牆的上半部用綠色的布幔覆蓋，上頭也用金銀線繡有《可蘭經》的經文。

克爾白是穆斯林最神聖的地方，而親臨麥加和天房朝覲也是每個穆斯林一生中必須完成的事。我非教徒，麥加、天房對我而言，既神祕又遙不可及，一切的認識只能從書本報章、網路和朋友口中獲得。

也或許有那麼一天，沙特政府會向非穆斯林開放聖城、禁寺和克爾白，而讓我有機會親眼見到它們的真面目，親身體會在穆斯林心目中至聖的地方是何等的莊嚴肅穆，令人敬服。

未來阿拉伯半島的「曼克頓」

我從濱海的吉達轉至利雅得（Riyadh），開始我沙特阿拉伯行程的下一站。說到利雅得，又是中東沙漠中的另一個奇跡。

建設中的利雅得

沙漠綠洲大城

它的地理位置剛好在沙特的中部，海拔約六百米的高原地區，距離紅海約九百公里，而離另一面的波斯灣約三百公里。在阿拉伯語中，「利雅得」就是「花園」的意思，它是阿拉伯半島中部沙漠裡的一片綠洲，最初不過是個占地不到一平方公里的小城。由於水源豐富，水草茂盛，樹木鬱鬱蒽蒽，成為駱駝商旅往返必經之路，是一處貿易集散地。這個阿拉伯游牧民族聚居和放牧的地方，世世代代賴以生存繁衍的樂土，經過不斷演變，最終成為沙特的首都和最大城市，現今人口逾四百多萬。

從二十世紀三〇年代以來，石油的發現替利雅得帶來迅速的發展。經過沙特政府過去幾十年的勵精圖治，進行城市建設，昔日的沙漠小城一躍而成阿拉伯半島上的商業、經濟、交通樞紐，是紅海和波斯灣之間重要的貿易中轉站。對穆斯林來講，是他們每年朝覲聖城的陸上交通站。這裡公路和鐵路網四通八達，緊密地連接半島周邊國家，交通非常方便。此外，涵蓋四座航廈的大型機場——哈立德國王國際機場（King Khalid International Airport），現代化設備應有盡有，更與世界接軌。今天的利雅得已不可同日而語。

儘管利雅得是個綠洲城市，卻屬於典型的熱帶沙漠氣候，炎熱乾燥，夏季的氣溫最高可達到五十度以上，十分驚人。所幸我這次選中十一月底的旅遊季節，氣候溫和得多，每天氣溫都徘徊在攝氏二十到二十五度之間，才不致於曝曬在烈日之下，影響了旅遊的樂趣。

由機場到市中心的距離約三十五公里，所經之處，寸草不生，漫漫黃沙，根本無法跟吉達的美麗景色相比較，多了一份蒼涼感，讓我不由得略感失望。

不過，當我們的車子駛進市區後，市容面貌便迥然不同。著名的奧拉亞大街（Olaya Street）是一條筆直的大道，高樓大廈排列在街道兩側，棟棟摩天大樓設計獨特、造型各異，讓我如進入了一座露天的建築博覽中心一樣。

棟棟摩天大樓設計獨特、造型各異

離岸金融中心

更令我興奮的是竟然見到一座外觀與上海環球金融中心有幾分相似的摩天大樓，它就是利雅得的地標建築——王國中心（Kingdom Center）。王國中心如鶴立雞群般屹立在市中心，裡面除了酒店外，還有綜合用途的辦公室和購物商場等設施。

上：利雅得的地標建築——王國中心
下：王國中心觀景天橋

我下榻的四季酒店剛好就位在王國中心，因利乘便，先來參觀這棟高三百零二米，占地達九萬四千多平方米的摩天大樓。王國中心最特別的設計在於大樓中間有個圓拱形狀的空洞，遠觀猶如一支挺拔的開瓶器，這般設計其實是有用意的，為了抵禦沙塵風暴和強風，以及酷熱天氣對大廈的影響。同時，王國中心頂樓有一條六十多米的觀景天橋，旅客行走於上，可以俯瞰都市風光。有個未經證實的說法是曾有人駕駛輕型飛機，向高難度挑戰，成功穿過王國中心。不過建築中心的空洞確實巨大的足以讓飛機穿越。

我在觀景天橋上，居高臨下欣賞市貌。這天天氣明朗，視野非常清晰，全市景色盡收眼底。幾條筆直的大街把市區分隔得井然有序，街道之間，是密密麻麻的民房，鱗次櫛比，以淺褐、米白、淺土黃色等等為主要色調的建築物，在午後

在王國中心上鳥瞰沙漠綠洲大城利雅得，一片密密麻麻的民房，鱗次櫛比

陽光的猛烈照射下，折射出耀眼光芒，刺得我差點睜不開眼睛。

市內還有一座兩百六十七米，高度排名第二的大廈，叫做阿法沙利亞中心（Al Faisaliah Centre），集酒店、綜合商場於一身，金字塔式的設計，塔尖裝著一個金光燦燦的球體，所以又稱為地球儀（Globe），是利雅得又一個建築代表作，與王國中心遙遙相對。

沙特政府目前正密鑼緊鼓，加速發展成為離岸金融中心，如雨後春筍越來越多的摩天大樓將會改變花園城市的天際線，變成「沙漠的曼克頓（Manhattan，臺灣譯為曼哈頓）」經濟金融中心了。

當夜幕低垂時，全市亮起璀璨的燈光，兩座巨人般聳立的摩天大樓更加耀眼奪目，將未來「沙漠曼克頓」裝扮得更顯熱鬧繁華。

左：阿法沙利亞中心大廈夜景
右：阿法沙利亞中心大廈的金字塔尖設計

利雅得城內有處熱門旅遊景點，代表沙特的一段發展史。

四方宮的異國風情

我離開熱鬧的商業中心，跟隨著導遊先來到四方宮（Murabba Palace），它又叫執政宮（The Governor's Palace），始建於一九三六年，經過九年時間，到一九四五年才完成，這裡曾是開國國王阿卜杜勒・阿齊茲的王宮，因外形為四方形，所以得到此名。

經過政府的精心經營，四方宮周圍開闢成為三十多萬平方米的阿卜杜勒・阿齊茲國王歷史中心（The King Abdulaziz Historical Centre），中心外圍是植滿茂盛棕櫚樹的綠化帶，用來調節沙漠炎熱的氣候，又有防沙暴（臺灣慣稱為沙塵暴）和強風的用途，使王宮不致受到風沙的損害。聽當地朋友

四方宮廣場

講，每年五月是利雅得的沙暴季節，每當沙暴襲來，強風捲起沙漠上的塵土，鋪天蓋地而來，剎時遮天蔽日，伸手不見五指，彷彿世界末日來臨，正是「天昏地黑蛟龍移，雷驚電激雄雌隨」。

導遊表示，歷史中心最美的時候應該是在晚上。當夜幕籠罩，燈光點亮，整座四方宮燈火通明，加上天氣又非白日的酷熱，因此許多旅客都喜愛夜遊此地，在迷人燈色下漫步。歷史中心由六個部分組成，除四方宮外，還有國家博物館、清真寺、圖書館、休閒大廣場，以及阿卜杜勒·阿齊茲國王歷史研究中心等等，可說是集合了沙特的文化、歷史、藝術和宗教，方便大家認識沙特與利雅得的發展。

四方宮大門

左：瑪斯瑪克堡壘高大的城牆
中：瑪斯瑪克堡壘巨型圓筒型瞭望塔
右：瑪斯瑪克堡壘模型

二〇〇二年一月，為紀念開國國王阿卜杜勒・阿齊茲在一九〇二年率領六十三名勇士，浴血奮戰，從敵人手中奪回瑪斯瑪克堡壘（Masmak Fort），重新掌控利雅得城，奠定了立國的基礎，在四方宮舉行隆重的慶祝典禮。六十三名勇士的後人身披金邊大白袍，在四方宮大廳內代表他們的祖先接受國王法赫德的授勳。每年沙特的建國紀念日，也是在四方宮舉行慶典儀式。

除了清真寺未能進入外，我跟著導遊看遍歷史中心的每一處，並參觀僅幾十米之遙的瑪斯瑪克堡壘。從一八六五年直到四方宮建造之前，堡壘原是沙特國王權力中心，國王在此地辦公，處理國家大小事務。這座阿拉伯風格的堡壘，疊起了厚達十八吋的黃土城牆，每個城角都有一座十八米高的巨型圓筒型瞭望塔，城堡固若金湯，讓敵人望而生畏。若拿它跟阿拉伯半島和海灣其他地方的城堡比較，規模和建築藝術都有過之而無不及。在阿拉伯文中，瑪斯瑪克的意思是「又高又厚的建築物」。在夕照餘暉下，城堡被映照得熠熠生輝，更顯得氣勢恢宏。

老王宮遺址今天已被列入世界文化遺產，而且改為博物館，陳列了許多沙特王室的歷史文物、輕重武器等，還有一九〇二年重新奪回堡壘的史跡資料。堡壘附近留下了大片頹垣敗瓦，這些都屬於原本防禦牆和堡壘部分遺址，目前已經被政府圈起來準備重建，預估幾年之後遺跡會重新開放，屆時利雅得遊覽景點的內容會更為豐富，有關沙特歷史的補充資料也會更加完善。

瑪斯瑪克堡壘展示往昔的大砲

左：老王宮遺址已經改為博物館，陳列沙特王室的歷史文物
右：廣場市集的熱鬧景象

歷史中心拐角處是一處熱鬧的商場和市集區，擺賣家具、皮具和紀念品等，每到夜晚，廣場還增添露天市集，是搜尋古董和二手貨的淘寶區，我也走入其中，希望能撈到寶貝，卻始終未能如願。

導遊另外還指著清真寺旁的廣場一隅，表示此乃行刑區，是處罰犯人的刑場，有人稱為「殺人廣場」。被判斬首的犯人，包括毒犯、殺人犯等，甚至連犯事的王室人員也沒有例外，會被押到刑場，待時辰一到，劊子手手起刀落，犯人便人頭落地。想起如此恐怖的場景，令我不禁寒毛直豎，雞皮疙瘩浮滿全身，不敢久留，瞄了幾眼就快步離開這令人不寒而慄的地方。

古都廢墟

天未破曉，我就摸黑起早，乘車疾走在沙漠上的公路，向利雅得的東面前進，目的是為了迎接大漠上的旭日。

利雅得位置在哈尼法谷地（Wadi Hanifah）的平原上，要看到日出東方，必須走一個多小時的車程，穿越達哈拉沙漠，經過山地，抵達另一邊的平原帶，才能夠縱目遠方，欣賞壯麗的日出景觀。

一路上，黃沙滾滾，山地連綿不絕，人跡罕至，只見被風化成奇形怪狀的峭壁懸崖，和平原上叢生的灌木和仙人掌，伴著一座座廢置的民房和放牧人的帳篷，呈現一片荒涼的景象。

皇天終於不負有心人，我趕在太陽升起的前一刻抵達，望著朝陽自高山後面冉冉升起，突破雲

大漠日出

大漠公路

層，金光耀目。可惜這天雲霧太大，日出沒一會兒，太陽就被遮掩住了。而後我沿著原路折回市區，並接著前往下一個目的地——德拉伊耶古城（Dir'iyya）。

古城德拉伊耶在利雅得的西北方，離城約十六公里，在一七七四年至一八一八年間是古沙特國的首府，又是沙特王族的發祥地。根據記載，十八世紀中期，穆罕默德・本・阿卜杜勒・瓦哈卜為了光復伊斯蘭教原教旨（基本教義），被迫離開家鄉，來到只有七十多戶居民的德拉伊耶小鎮，與鎮上的穆罕默德・伊本・沙特酋長一起維護和發揚宗教。當時一度雲集了來自四方八面的伊斯蘭教徒和學者，小鎮逐漸發展，沙特家族乘時而起，從而奠定了家族的基礎。後來的酋長更使用武力奪取麥加和麥地那兩城，成為一個強大的沙特王國，德拉伊耶城成為了沙特的首都，國王的宮殿也建在城內。

直至一八一八年，鄂圖曼帝國為了鎮壓伊斯蘭教派活動，遂派遣駐埃及的總督穆罕默德・阿里率領軍隊入侵，攻進了德拉伊耶城，大肆破壞，最後還將城市付之一炬。據後來歷史學家的記述，經此一役，從遠方看德拉伊耶城，就好像那裡從沒有人居住過一樣，可想而知，經過戰亂的蹂躪後，城市被掠奪破壞到何種程度了。

當我到達德拉伊耶城對面的旅遊區，隔著一條馬路，見到兩處截然不同的景貌。旅遊區這一邊，是新的仿古建築，集合旅舍、餐廳和商店等功能，周圍有水塘、棕櫚樹等造景，一派祥和寧靜。

路的對面，則是原本以黃坯土築成的圍牆和房屋，但早已傾頹破敗。多年來，雖然幾經政府的重修復原，仍未能擺脫那種荒涼的感覺，實在令人難以從這樣的廢墟中，想像出當年興旺繁榮的景況。

古城德拉伊耶是古沙特國的首府，經過戰亂已成一片廢墟

城堡上布滿許多三角形的箭頭孔洞和四方形的孔洞，是為觀察敵情與防禦所設計

我這次也算是來得真不巧，廢墟正關閉重修，因此無法踏進古都，遙想它的昔日風采。據官方公布，廢墟內將進行重修的重點建築物包括沙特王國王宮。管理員只讓我走近觀望，堅決不准我越過警戒線。古城被一條長二點五公里的城牆包圍，城牆上原本的圖案紋樣早就被風沙洗刷得模糊不清。從已修復的部分，可見城堡上布滿許多三角形的箭頭孔洞和四方形的孔洞，導遊說是為了方便衛城的守軍觀察外面敵情和作出戰略防禦。

古城擁有獨樹一幟的建築風格，稱作「納吉迪（Najdi）」，經過持續不斷的考古開發，更多的古物被挖掘出來，將使後人愈加了解古代沙特人民的生活與文明歷程。二〇一〇年，古都廢墟已被收入《世界遺產名錄》，政府計畫經過修復與發展，使當地成為一個兼具文化和旅遊功能的園區。目前古都廢墟的外圍種植了一列列棗椰樹和其他林木，休閒區還設置了供人燒烤野餐的設施。據說每年雨季來臨時，廢墟下面乾涸的水道會注滿流水，到時便可見到綠草如茵，風光明媚。

折返市區的途中，我順道訪問駱駝交易中心，不過當時已過了交易時間，場中只留下寥寥可數的駱駝，吆喝交易的熱鬧氣氛不再，無緣親身體會游牧民族的交易過程。

待我返回酒店，再次登上國王中心頂樓的觀景橋。透過玻璃欣賞到的利雅得城，正是華燈初上、燈火璀璨。

古城對面旅遊區新建的仿古建築，集合旅舍、餐廳和商店等功能

奔向世界邊緣

利雅得西北是一片荒漠高原，它屬於圖偉克山脈（Tuwaiq Mountains）範圍，近年開發了一處景點「世界邊緣（Edge of the World）」，很受歡迎，值得一遊。光聽「世界邊緣」這名字，已經吸引住我，於是毫不考慮，不惜冒險挺進大沙漠，奔向「世界邊緣」探個究竟。

「世界邊緣」離市區約九十多公里，我們乘上悍馬四驅車，因為接下來的路程，可不是一般汽車能夠駕馭的！帶備了必需的GPS衛星導航系統，沿著市區的535公路（King Khaled路）駛離利雅得之後，轉而開始進入荒漠。我仔細一看，周圍並沒有任何標誌，只有碎石鋪出來的沙漠小徑，小徑曲折崎嶇，並不規則，遍布浮沙，根本不是一條正規的道路，是日積月累下由旅客的車痕開闢出

貝都因牧民帳篷

左：荒漠旁的駱駝
右：大片荒漠，杳無人煙，只有碎石鋪出來的沙漠小徑

來的。荒漠無邊無際，杳無人煙，再也見不到貝都因（Bedouin）牧民的帳篷，甚至看不到駱駝和天上飛鷹的蹤影，只有灌木和金合歡樹零星散落在沙漠上，堅強地露出綠色的生機。

我們繼續前行，路徑高低起伏，崎嶇不平，不過整體來說，是緩緩朝上的斜坡。司機減慢車速，意圖避開路上的浮沙碎石，以免陷進沙堆或深坑裡而誤了行程。有時遇上分岔山路，他還被迫停下來辨別方向。

這天不是假期，闖荒漠探險，除我倆外，再看不見其他人。我感到有點前路茫茫，仿如身陷險境，孤立無援，心裡不由得緊張起來，按捺不住，反覆詢問導遊何時抵達目的地，得到的答案總是同樣的一句話：「『世界邊緣』就在不遠的前面了。」我只好盡量穩定下情緒。事實上，除了安坐在車內，也別無他法了。透過車窗，視野內除了被層層黃土砂岩環繞，就只有車後面揚起的滾滾沙塵。

周遭的景緻仿如月球表面，綿延不絕的山坡高原一坡接一坡

走過一段很長的山路，皆是浮沙亂石，我們的「悍馬」奮力沿斜坡而上，大塊大塊礫石攔在山路上，周遭的景緻仿如月球表面，綿延不絕的山坡高原一坡接一坡，正是「十里崎嶇半里平，一峰才送一峰迎」。

幾經周折，終於來到一處平頂高坡，這是唯一的停車點。我走下車縱目四顧，發覺自己已置身在一處較高的山坡上，然而要登上「世界邊緣」，仍需努力。此時正值中午時分，烈日當空，接下來的路程車子已不能再前行，只能徒步順著一段浮沙碎石的羊腸山徑往上走。這小徑一點都不好走，有時迎面刮來強風，讓我險些失去平衡，不得不貓下腰來小心翼翼地繼續向前。

「世界邊緣」是一面高原山崖，如果不伸頭往下看，不會有什麼特別感覺，倘若往崖前多挪一步，就會發覺前面再無去路，眼下是萬丈懸崖，深不可測，令人心驚膽戰。極目遠眺，懸崖底下是一片延伸的平坦盆地和逾萬年前乾涸的河道遺址，無邊無際。

懸崖這一側，綿延數百里的平頂山擁有筆直的懸崖峭壁，被大自然鬼斧神工雕琢過的地貌，氣勢雄偉，如同巨人般屹立在荒漠上。山崖的顏色略帶淺紅，岩層在陽光照耀下層次相當分明，它們屬於沉積岩的構造，探究這片高原荒漠的成因，是經過地殼不斷運動，使得海床上升，變成陸地高原，呈平頂形狀以及各種奇形怪狀的岩塊，則是受到乾燥氣候和風化剝蝕作用而成，這裡是一個天然的地理、地質教學課堂，隨處都能找到的海底生物化石，更加證明海底上升的論點。

兩座巨型岩石間有一個如刀削出來的「缺口」，形狀猶如窗戶，所以這兒又叫做「石窗（Rock-framed Window）」。我佇立在「窗戶」中間，面對眼前如此壯觀、渾然天成的荒漠高原，不禁屏住呼吸，實在難以找到貼切的詞語來形容這樣的絕景，除了更感到自己的渺小。

直到火辣辣的陽光曬得我快要支持不住，只好依依不捨地告別「世界邊緣」，乘車踏上歸途。回程路上，恰逢夕陽西下，天邊紅彤彤的雲霞把大漠照得通紅。我們守候在公路上，耐心等候太陽落下，直到消失在眼前，我們才繼續上路，返回市區。

左：佇立在「窗戶」中間拍照，感覺自己的渺小
右：綿延數百里的平頂山擁有筆直的懸崖峭壁，如同巨人般屹立在荒漠上

傳統與變革

三十五年的電影院禁令解除，核准設立電影院，是一個開放的里程碑

二〇一七年，沙特國王薩勒曼第二度廢儲，這次立了自己的兒子為王儲。自新王儲上任後，展開一連串改革開放的舉措。為了減少對石油產業的依賴，開放的方向也包含金融、旅遊等方面，旅遊景點逐步增加中。社會政策方面，同樣有諸多改變，其中包含打破長達三十五年的電影院禁令，核准設立電影院，並邀請嘉賓出席觀賞電影，這是一個開放的里程碑。

二〇一八年四月十九日，我正從巴林前往利雅得途中，接到了中國駐沙特大使李華新先生的來電，電話中他詢問我是否有意願參加第二場的電影放映，就在當晚。如此特殊難得的體驗，我自然不願意錯過，於是改道前往由美國電影連鎖公司ＡＭＣ營運的沙特首間電影院。儘管電影院的周邊配

當天看電影的女性並未佩戴黑紗遮住面容，可以顯見社會風氣的改變

套設施還不健全，連路標都標示不清，讓我多繞了一段路，幸而還是趕上了電影放映。

當天播放的電影是漫威系列的《黑豹》（Black Panther），觀賞的人其實不多，但電影本身並非重點，而是放映電影本身的意義。令我驚奇的是，電影院並未限制女性參加，且當天見到的女性沒有佩戴面紗、遮住容貌，面對旁人拍照也是落落大方，可以從她們的神情中看出其對於這些改變的興奮與期待。

沙特僵化的體制正在一步一步地打破，神祕面紗也被緩緩揭開中。此次旅程中，我可以深刻感覺到沙特的變化。例如以往通過海關時，官員總是神情嚴肅，但這回態度卻變得相當良好和善；過去通關時男女必須分開，此次已能夠一同排隊了，雖然女性依舊得穿著端莊，且罩上一件黑袍。社會的開放也包括准許女性駕車，這是女權的一大進步，可惜的是我尚未在路上見著女性駕駛人。

同時，我也發現比起初次前往時，當地宗教警察人數已經減少，由於社會風氣愈加開放，宗教警察的存續也成為被探討的問題。相信若改革開放持續進行，在可預期的將來，或許宗教警察終將消失。

在本書完稿前，發生了一件負面的新聞，一位長期批評沙特政府與王室的記者在土耳其被害，外界咸信此案件與沙特王儲脫離不了關係。沙特王儲在大刀闊斧進行變革的同時，清除異己的鐵腕作風，也引起相當大的爭議。

世人盡皆觀望沙特王儲是否能化解此次負面新聞的影響，抵禦保守勢力的反對，持續改革開放的腳步。以我個人的觀點，當然希望變革能持續下去，相較原本的封閉保守，如今的變化是積極正面的，期待沙特能堅定地向前看，持續走在開放的道路上，儘管這是一場與傳統守舊的抗爭，注定了路程的艱辛。

حفظكم الله

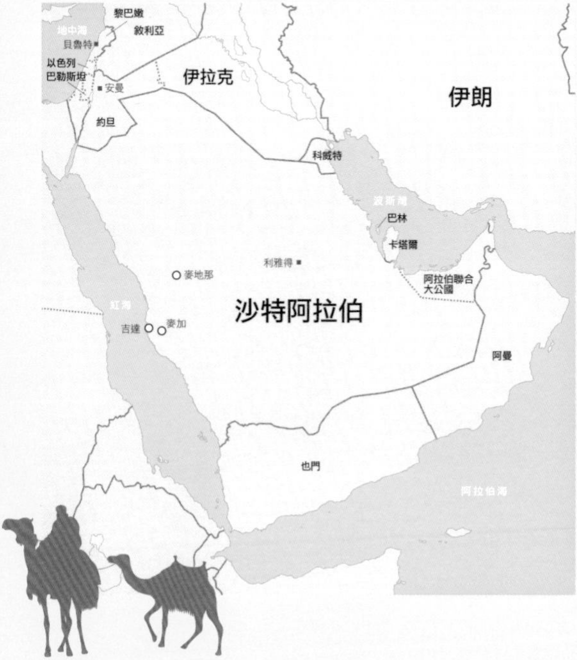

巴林

巴林位於波斯灣西南部，由近四十個大小不同的島嶼組成，

首都麥納瑪位於最大島嶼巴林島上。

位於巴林西部的沙特阿拉伯，可經由法赫德國王大橋連接相通；

同樣是伊斯蘭國家，休閒旅遊與金融業發達的巴林，相對來說比較開放寬容，

因此，她被稱為沙特阿拉伯的後花園。

海灣的明珠

中東國家我去過不少，其中某些地區更是多次走訪。在中東的地圖上，有一個彈丸之地，若非特別關注，很容易遭到忽略，甚至可以說，對大多數人而言，那是個陌生的國度。

巴林王國（The Kingdom of Bahrain），簡稱巴林，是個由近四十個大小不同島嶼組成的島國，最大的叫做巴林島，約占國土面積的80％，首都麥納瑪（Manama）就位於這座島上。巴林的位置在波斯灣西南部，界於卡塔爾和沙特阿拉伯之間。這些年我雖然往返中東的頻率愈來愈高，卻從未發現巴林這樣一個近鄰存在。對於沙特人來說，以巴林灣為區隔，相距不過二十四公里的巴林可不只是鄰居這麼簡單，那是他們可以「尋歡作樂」的「後花園」。

近觀生命之樹

儘管同屬伊斯蘭國家，巴林卻沒有像其他中東的伊斯蘭國家那麼保守，在波斯灣地區，社會風氣以開放和寬容著稱。我從機場往酒店的途中，看到很多並未以黑長袍罩住身體與臉部，而是將面容展示於外的女士；女性也能夠單獨外出，不需要男性的陪伴，這在其他的伊斯蘭國家簡直不可思議。此外，巴林禁酒並不嚴格，也可食用豬肉，較之隔鄰自由得多。也難怪每逢週末很多來自附近鄰國的人們都會踏上前往巴林的旅程，這實在是一個休閒放鬆的寶地。

陪同我遊覽巴林的是當地旅行社的一位臺灣女士，移民該國已超過三十年時間。我們算是相逢恨晚，結束當日行程後，依然以網友的方式保持聯繫，這是後話。通過她的介紹，我這才瞭解到巴林在阿拉伯語中的意思為「兩個海」。因為卡塔爾半島與阿拉伯本土被巴林島分成兩個海域，於是「兩個海」成了這座島的名稱，真是簡單直白。

根據巴林政府提出的資料，截至二〇一五年，巴林國土面積僅有約七百七十平方公里，大概二十一分之一個北京那麼大，比我居住的香港還少兩百多平方公里，真是一個名副其實的小島國。若然駕車的話，兩個小時環島遊已綽綽有餘。然而其處於東西方文明的薈萃之處，重要性並未因此降低，我在遊歷過後，才獲知她擁有比想像中更加悠久的歷史，而遠在兩千五百年以前，首都麥納瑪就已是一座商業貿易的城市了。

巴林擁有絕佳的深水港口，處於重要的戰略與商貿位置，具獨特的地緣關係，並有不少古今名勝，本身經濟、文化富含魅力。此外，巴林四面臨海、風光旖旎，與阿拉伯半島的其他國家相比，氣溫略低，氣候較為舒適，成為吸引旅遊人士的一項優勢。這趟行程，我終於有機會了解她究竟擁有何種風采，才能獲得「海灣的明珠（Pearl of the Bay）」稱號。

五個一的巴林遊程

巴林有句話是這樣說的：「沒看過一棵樹、一口井、一座橋，就等於沒來過巴林。」這「三個一」可說是遊覽巴林的重點，不過導遊補充說，其實應該是「五個一」，還得要加上「一座清真寺和一座城堡」。

我們從麥納瑪一路向東南行進，越往前走，眼前見到的綠色越來越少，反倒是黃色的沙土漸漸占據眼底。就在幾乎要產生視覺疲勞時，前面高處忽然出現一團綠，這就是被巴林人看作奇跡的生命之樹（Tree of Life），外觀看起來很像金合歡樹，實際上是牧豆樹（Prosopis cineraria）。這棵樹本身並不稀奇，最奇特的地方在於樹的周圍數十多米內不見任何水源，也看不到其他花草植物，卻只有這棵高約十米的牧豆樹枝葉繁茂，鬱鬱蔥蔥，在這片寸草不生的荒漠中傲然屹立四百多年。

沙漠中屹立四百多年的生命之樹

導遊告訴我，與其尋找究竟是什麼水源維持這棵樹的生機，當地人更相信一個美麗的傳說：這兒便是《聖經》裡提過，亞當和夏娃居住的伊甸園所在地。又或者有人相信是水神在佑護生命之樹的成長。還有更為誇張的說法，這棵樹在地底下扎的根有著深度與廣度，能夠吸收往下數百米深、延伸數公里外的地下水。無論是何種說法，都顯示巴林的「一棵樹」不僅是個神話，也是巴林人的精神所在。

我站在樹下，仰頭望著眼前這棵生命之樹，腦海中突然浮現一首歌的歌詞，歌詞出自於泰國著名高僧阿姜查（Ajahn Chah Subhaddo）說過的話：

森林裡的一棵樹，
有葉子、有花、有果實。
鳥兒來覓食，蜂兒來築巢，
小松鼠在葉子下睡覺。
清晨、黃昏、颳風、下雨，
森林裡的一棵樹，
不需要知道自己是一棵樹。

左：「飲水思源」，第一口油井帶給巴林致富的希望，油井雖已乾涸，遺跡仍在
右：第一口井紀念碑

被荒蕪貧瘠所環繞，面前這棵彎彎曲曲、舒展枝椏的大樹，想必也成為許多動物遮蔭乘涼的地方，它的確不需要知道自己是一棵樹，我們卻自然而然在這兒感受到生命的力量。

「一棵樹」是巴林的必看景點，每年都有世界各地的旅客來到這兒，欲探個究竟。我們在此停留期間，就正巧遇上一家四口的外地旅客，兩個小孩調皮好動，居然打算攀爬上生命之樹，馬上受到導遊的制止，看來此樹能維持這樣長時間，與當地居民的保護意識也是分不開的。這區域目前正計畫開發成一座園區，除進一步保護樹木外，又能增加旅遊設施，發展周邊，可謂一舉數得。

作為不折不扣的中東國家，巴林跟石油也是分不開的。「一棵樹」往北幾公里不遠，就是「一口井」（First Oil Well）的所在地。提到中東的石油國家，一般人立即聯想到的無非沙特和阿聯酋等國，殊不知巴林才是石油國家的先驅。早期巴林人以採集珍珠、漁業和貿易為生。一九三一年，巴林開始挖掘第一口油井，次年就開採出石油，給巴林人帶來了致富的希望，可說是改變了巴林的命運。儘管如今這中東地區的第一口油井已經枯竭，但它曾承載了巴林人的希望，已成為歷史不可抹滅的一部分，巴林人甚至按照油井原本的模樣加以重建，豎立紀念碑。雖然在我們看來只是一個遺址，卻絲毫不影響它在巴林人民心中的重要地位。附近並修建了巴林石油博物館，規模不大，講述許多關於巴林石油的故事。

講到改變巴林的命運，也離不開「一座橋」，這正是我的下一站。這座橋可非尋常的小橋流水，而是如一道長虹般，連接巴林與沙特的跨海大橋，

連接沙特阿拉伯與巴林的跨海大橋——法赫德國王大橋

巴林城堡雄踞在海濱旁

被巴林人認為是從過去通向未來的橋——法赫德國王大橋（King Fahad Causeway）。大橋從一九八一年正式修建，直到一九八六年竣工，全長二十五公里，曾是世界上最長的海面高架跨海大橋。由於交通上的便利性，使得這座橋順理成章成為沙特人民前往「樂土」的通途。

卡拉特海濱旁的古城堡

巴林島北部卡拉特海濱有一座古城堡，屬於具代表性的地標景點，我其實對這類古堡遺址並沒有抱太大的期望，心想小國的城堡應該不會有什麼驚喜，但還是順著導遊的意思來此一遊，打個招呼便罷。不料在遊覽的過程中，「走馬觀花」已變成了「下馬看花」。

巴林城堡，又叫卡拉特城堡（Qal'at al-Bahrain），是葡萄牙在一五一二年到一六二二年間殖民統治巴林時期所建的城堡之一，因此別稱為葡萄牙堡。城堡為台形的人造土墩，最高十二米。當我站在城堡遺址，向北望去，彷彿可以感受到「面朝大海，春暖花開」，又或是葡萄牙著名詩人卡蒙斯（Luis da Camoes）為羅卡角（Cabo Da Roca）所寫的那句詩：「陸止於此，海始於斯」。

事實上，這個城堡遺址總共有七層，涵蓋了七種不同的文明，來自於在不同時代占領這地區的人，包括巴比倫、希臘、波斯、葡萄牙等等，其中最早的是一個失落的古文明——迪爾蒙（Dilmun Civilization）。經過考古學家的挖掘、考證，此區正是公元前二三〇〇年迪爾蒙文明時期的首都所在地。

有關迪爾蒙文明的記述，最早出現於兩河流域文明蘇美人以楔形文字書寫的文獻，在其神話中，是「太陽升起之地」、「獲得永生之地」。後來巴比倫史詩也曾提到迪爾蒙文明。目前專家們一般認為，古文明的範圍大約在今天的巴林、科威特、卡塔爾和沙特阿拉伯東部沿海一帶。在強盛時期，它是重要的貿易文明，甚至控制了波斯灣的貿易路線。

左：站在城堡上看向正在挖掘中的遺址，海灣與近鄰的現代城市，交會出古今相融的畫面
右：城堡一隅

上左：與自臺灣移民巴林的導遊合影留念
上右：穿著傳統服飾的巴林小朋友
下：巴林城堡的夕陽美景

曾經在歷史上占有一席之地的迪爾蒙文明如今卻僅存於少數考古資料記載中，幸而還有這個遺址保存從前的城牆、石屋、街道規劃，甚至還有做為商業、軍事及宗教用途的設施，這片遺址也同時證明了公元前二三〇〇年至十六世紀皆有人類居住於此。儘管歷經千百年雨打風吹的洗禮，這些設施許多都成了斷垣殘壁，卻好似因著過去曾經的燦爛傲然挺起僅存的骨架，也彷彿在為這個遭到遺忘的古老文明低泣哀嘆。所幸今日這片遺址已被列入世界文化遺產名錄，並持續進行開挖修葺，將使更多古文物重新面世，再現古城風華。

我站在殘敗的牆垣上，望著日落潮退，想起時代的興衰演變，一時間感慨萬千。

說起來，島上還有另一個地方，也是巴林古代存在著燦爛文明的佐證。這兒擁有世界上最大的史前時期塚林，使得這個小島也被稱為「萬塚之島」，或者叫「死島」。我並未接近位於麥納瑪以西的墓葬堆，只是坐在車上遠觀。成千上萬個土丘，高低起伏、密密麻麻地堆在一起，導遊表示這些大大小小的土包範圍約三十多平方公里。一八七九年，英國人進行初次發掘，才知曉土丘竟是墳墓。五〇年代則有一支丹麥的考古隊伍展開更進一步的挖掘工作，發現驚人的真相，這些墓居然有好幾層，原來經過漫長的歲月，前人之墓被風沙掩埋後，後人又葬在其上，如此層疊復加，最後變成了一個個的沙丘，甚至還有高達十米的。考古學者同時也在數以萬計的墳塋下方以及附近地區發現古代聚落和城鎮遺址，其中許多陪葬品或文物，如今都放在巴林國家博物館（Bahrain National Museum）中展示。

綿延起伏，廣達三十多平方公里的墓塚

至此，「五個一」我已遊歷過其中四個，有感動、有懷古、有震撼，有慨嘆，一時之間思緒萬千，難以平復。

聞名全球的F1巴林國際賽道

陪同的導遊適時地提起巴林國際賽道。眾所周知，世界各地的F1賽道各有千秋，而每年F1賽事都設有巴林站。這座國際級的賽車場最大的特點在於賽道緊鄰沙漠，精采的賽事以滾滾黃沙為背景，這在F1賽道史上是前所未見的。它由設計過許多F1賽道的德國專家赫爾曼・蒂爾克（Hermann Tilke）所設計，共有六組賽道配置，原本預計工期得花費兩年，卻在大約一年半時間就加以完成，耗資達一億五千萬美元。賽道自二〇〇四年啟用，由於高溫和沙塵暴等問題，自二〇一四年開始，F1賽事改為夜間舉行。

我踏上看台，帶有弧度的遮陽篷擋住了午後炙烈的陽光，遠處有個八層高的貴賓觀看塔鶴立雞群，相當醒目。這兒在兩個星期前才剛結束賽事，我望向沒有遮蔽的賽道，想像著競賽期間，場上的健兒們在如此酷熱的天氣下，揮灑汗水、速度和激情，讓人不禁神往。

上左：F1賽車
上右：八層樓高的貴賓觀看塔
下左：巴林國際賽道設計新穎的看台
下右：看台及帶有弧度的遮陽篷

左：舊城區金光燦爛的紀念品店鋪
右：麥納瑪法塔赫大清真寺

就我的觀感，這個景點比起「五個一」來，不遑多讓。待所有行程結束後，我特地向導遊提議，應該將F1標準賽道加入為「六個一」，這才是旅客在巴林深度遊的標準。

乘著夕陽斜照，我來到市中心的舊城區，過去這兒是最繁華的商場，外觀與其他中東城市大同小異，都是老式民居，曲徑小巷。入內一看，到處是售賣香料、黃金飾物、中東特產和紀念品的店鋪。值得一提的是主要入口巴林城門（Bab Al Bahrain）過去曾是英國殖民地統治者的辦公地方，而今已飛入尋常百姓家了。

行程中，導遊不時會補充一些巴林現今的經濟狀況。二〇一〇到二〇一一年間，這個小國也受到北非突尼西亞吹過來的茉莉花革命之風影響，國內出現反政府浪潮。由於政府的控管能力尚且不足，便向鄰國沙特求助，請其派兵維持秩序，這一波的衝擊自然也影響到巴林的經濟發展。石油方面，由於儲量本就不多，現在每天僅能開採海上石油兩萬多噸，陸地石油七千噸，政府有感於經過幾十年的開採，石油產量遲早會消耗殆盡，經濟上絕不能完全仰賴石油，近年來積極尋求多元化，拓展其他產業，例如金融、旅遊等，以增加國內財政收入。

在結束行程前，導遊告訴我一個天大的好消息。就在幾天前，巴林政府突然在西部海域發現了一個更大的油田，估計儲油量達到百億噸。如果屬實，巴林的經濟發展很有可能會超越卡塔爾甚至沙特，發展前景不容忽視。加上巴林是「一帶一路」倡議的沿線國家之一，難怪很多中資企業已進入該國市場，早著先機了。

即使時間已晚，也別錯過了巴林的夜色。說到燈光璀璨的地方，就得推薦「五個一」中的「一座清真寺」——麥納瑪法塔赫大清真寺（Al Fateh mosque）。它占地六千五百平方米，能夠容納七千多名參拜者，是巴林規模最大、最為神聖的清真寺，教徒們從早到晚絡繹不絕入內祈禱朝拜，這是巴林人習以為常的活動。

這座清真寺建造於一九八七年，並以創建巴林的Ahmed Al Fateh命名，最大特色在於祈禱大廳擁有全球最大的玻璃纖維圓頂，重達六十噸。站在大廳中央仰望頭上的巨大圓頂，精緻的大吊燈和周邊環繞的球形小吊燈與圓頂的圖案巧妙地構成一幅美麗的畫面。除了中央的吊燈外，殿堂內的其餘地方也掛有超過千盞的圓形小吊燈，使得光線能夠照耀到清真寺的每個角落，照耀到每一個虔誠禱告的穆斯林身上。在深沉的黑夜裡，整座清真寺更顯得神聖和瑰麗。

巴林國家博物館

清真寺附近另有兩座宏偉的建築，它就是前面提到過的巴林國家博物館，博物館占地27,800平方米，除了從古代墳塚中挖掘出來的文物外，還包括許多自石器時代以來的珍貴藏品，如繪畫、雕塑、可蘭經等等，豐富多元，不僅顯示巴林擁有的悠久歷史，也展現這個小國對於文物收藏和保護的重視。比較起來，許多大國的表現反而相形見絀了。除此之外，市區內還有一座可蘭經之屋，這是間收羅許多珍貴罕有《可蘭經》和抄本的博物館，藏品是民間人士從世界各地搜集而來的，內容相當精采，讓我大開眼界。

行程結束後，我返回首都麥納瑪新區的酒店，新區內豪華酒店、高矗商廈，以及標奇立異的現代建築林立，相較迪拜的建設，毫不遜色。我從傳統的巴林一路到現代的巴林，如同穿越時光隧道般。

上：可蘭經之屋，收羅許多珍貴罕有《可蘭經》和抄本的博物館
下左：下榻的酒店位於首都麥納瑪新區，標奇立異的現代建築林立
下右：新銳造型的商業大樓

約旦

約旦，是位於西亞的中東國家，北鄰敘利亞、東毗伊拉克，南接沙特阿拉伯，西與以色列、巴勒斯坦為鄰。

全區幾乎都是海拔六百五十到一千米的高原，西部有約旦河谷，東和東南部是沙漠，被亞巴琳山脈貫穿，在亞喀巴灣，有一小段海岸線；全國可耕地僅占全國面積的4%。

地球上最低窪的地方——死海位於約旦的西部，以其為以色列的部分邊境。

安曼之約

尚未前來約旦之前，我在香港接收到關於這個國家的資訊，同大部分中東地區一樣，都是戰火紛飛，負面消息居多。囿於先入為主的偏見，我遲遲未敢把約旦劃入旅程中貿然獨自前往。「紙上得來終覺淺，絕知此事要躬行」，出於拓展業務的目的，我曾經兩度往來約旦考察，卻都是來去匆匆。但也多虧了那匆匆一瞥，促成我再度拜訪，期望更深入了解這個國家。

約旦，全稱約旦哈希姆王國（Hashemite Kingdom of Jordan），面積約八萬九千平方公里，地勢從東向西逐步升高，西部是高原山地，東部和東南是大沙漠，80％以上的國土為沙漠覆蓋，境內河流很少，最大的約旦河經西部流入死海，水資源非常匱乏，是世界上嚴重缺水的國家之一。不單如

安曼機場大廳

此，其他的自然資源也相當貧乏，缺少石油等礦產資源，只有磷酸鹽的儲量在世界上名列前茅，而天然氣、油頁岩和原油則根本無法與周邊國家等量齊觀。

歷史悠久的兵家征伐之地

約旦的地理位置在亞洲西部，同巴勒斯坦、以色列、敘利亞、伊拉克和沙特等國接壤為鄰。與大部分阿拉伯半島國家雷同，約旦人民主體為阿拉伯人，奉伊斯蘭教為國教，其中百分之九十以上是穆斯林，以遜尼派為主，較為自由開放。眾所周知中東地區多年來並不太平，但約旦雖是一個阿拉伯小國，卻可以在各種紛爭戰亂中維持政治、經濟相對穩定的狀態，並周旋在美國、英國、俄羅斯和阿拉伯各國的政治較量之間，甚至還能跟以色列保持友好關係，可說是「左右逢迎」，令人忍不住好奇她是否深諳中國人所謂的「中庸之道」。

我從機場乘車沿著公路前往市區的途中，不時與一列列滿載士兵的軍車，甚至是架起重型機槍的巡邏吉普車擦身而過，這種場面仿如身臨戰場一樣，讓我看了感到心驚。導遊安撫表示無須驚慌緊張、大驚小怪，原來約旦周邊國家仍不時出現流血衝突，也要應付其他國家非法越境的難民，所以軍備巡邏是平常之事。

導遊並強調，約旦是一個有著悠久歷史的神奇國家，公元前十三世紀，這個地區已經建立起城邦。其後，曾經被亞述、巴比倫、波斯、馬其頓、羅馬統治，公元六三〇年前後納入阿拉伯帝國的

前往市區途中遇見架著重型機槍的巡邏吉普車

版圖，到公元一五一七年又為鄂圖曼帝國占領。第一次世界大戰結束，鄂圖曼帝國瓦解後，她又落入英國殖民地統治者手裡，淪為英國委任統治地。一九二二年英國更把約旦領土一分為二，以約旦河為界，西岸仍稱為巴勒斯坦，東岸稱為外約旦酋長國。最終到一九四六年三月二十二日，外約旦才與英國簽署倫敦條約，宣布獨立，成為一個君主立憲制的國家。

七丘城——安曼

集合古老與現代的約旦，擁有豐富的旅遊資源，導遊輕而易舉就能列出一連串著名的歷史古跡、宗教聖地和休閒渡假勝地等。我第一個訪遊的地方是安曼（Amman），約旦首都和全國最大城市，集政治、經濟和文化於一身。整體而言，政局較為穩定，治安尚算良好，使

山城安曼，白色民房順著山勢而建，密密麻麻，櫛次鱗比，而又有「白色之城」稱謂

得許多跨國企業將阿拉伯地區總部設立於此，這種「總部經濟」也對我和我的企業產生一定的影響。經過多年的市場調研，我們亨達集團在二〇一八年十月底也乘「一帶一路」的倡議之風，在安曼開設了分公司。然而，儘管安曼是約旦的商業和金融中心，市內的高樓大廈不多，只有寥寥幾座，並非繁華的大都市，帶有一點純樸的味道。

早先安曼坐落在七個山頭上，所以有「七丘城」（City of Seven Hills）的稱號，是座不折不扣的山城。隨著城市逐漸壯大、向外擴展，如今已經涵蓋至少十九座山丘。許多高高低低的民房以白色石灰岩築成，點綴紅色的飾紋，順著山勢而建，密密麻麻，櫛次鱗比，從高處俯視，眼前是一片乳白色，因而又有「白色之城」的稱謂。

走在安曼的街道上，除了汽車外，經常還遇到駱駝的行旅，與人車爭路。我留意到城中的婦女穿著都較保守，大多罩上黑長袍，導遊說，近年來越來越多年輕人開始改穿牛仔褲和西式服裝。不過根據伊斯蘭教的教條，當地女性仍忌諱穿著太過暴露，服裝基本上還是得蓋住手臂、腿部和頭髮，很少見到穿短褲的男女。幸好對於他國女性並沒有這般的限制，但也不能過分暴露。最吸睛的是身穿黑袍、頭戴紅方格布頭巾的貝都因人，他們甚至會在腰間佩上劍和彎刀，這種傳統裝束為的是能夠安全穿梭在沙漠間，用於防沙和防身。

在酒店安頓後，我馬上隨導遊來到安曼舊城區，參觀城堡山腳下的古羅馬劇場遺址。劇場建於公元二世紀，背倚著山丘，是一座圓型建築，據說可以容納六千人，建築風格和外觀與我過去在義大利西西里島見過的羅馬劇場非常相似。雖然經歷一千八百年的時間考驗，劇場外圍拱廊並未完全坍塌，有些僅存基座，有些部分依然完好矗立，整體的保存狀況還算不錯。我不得不佩服當年羅馬人的劇場音響設計，只要表演者站在劇場中間，輕輕說話，聲音便能清晰送達每一個角落。我不忘走到場中一試，聲音果然在上空迴響，收音效果很好。這座古跡目前也開放使用，提供舉辦大型文化表演。劇場兩旁另設有「民間傳統博物館」和「民間文物館」，雖然裡面收藏品不算豐富，但多少介紹了一些安曼的文化傳統。

上左：安曼婦女
上右：古羅馬劇場遺址
下左：民間文物館展示傳統安曼人民生活情境
下右：殘留的拱廊石柱

城堡山眺望市區，古羅馬劇場完整呈現

城堡山上的安曼城堡（Amman Citadel）坐落於七座山丘之中。我乘車來到園區，展開一場城堡遺址之行。城堡海拔高八百五十米，恰好是全城的最高點，縱目遠眺，全城包括山下的羅馬劇場一併收入眼底。從高處望去，大劇場更顯得雄偉，四面被錯落有序的民居和山丘包圍，猶如一個半圓形的石盤嵌在其中。在午後陽光的照耀下，安曼市區的白色房屋更顯得熠熠生輝。

園區的入口有幾塊大型的資料板，介紹安曼古城的歷史，以及名稱的演變進程。原來它先後有過三個名字，公元前三千多年曾經作為阿蒙（Ammon）王國的首都，叫納巴特·阿蒙（Rabbath-Ammon），並打下了這個城市的基礎；公元前四世紀，馬其頓王國征服了這兒，亞歷山大大帝的手下費拉德爾修斯（Philadelphus）將軍擴建安曼，改稱為費拉德爾菲亞（Philadelphia）；

左：城堡山是歷代王國的城市中心，遺跡保留多種時代的建築特色
中：拜占庭教堂只剩下幾根基柱

公元前六十三年，羅馬將軍龐培（Pompeius）占領後，開始使用安曼（Amman）這個名稱，並在城中進行大規模的擴建，包括劇場、公共浴室、民居等，安曼這名稱也一直沿用到現在。

城堡山遺跡最先是由阿蒙王國所建，其後的統治者則在原來的基礎上擴建修葺，由於它一直是歷代王國的城市中心，因此保留著多種時代的建築特色，可說是多元文化的結合。我按著路標的指示和介紹，見到了阿拉伯帝國倭馬亞王朝的埃米爾宮殿群、羅馬時代的赫拉克勒斯（或譯為海克力士）神廟和只剩下幾根基柱的拜占庭教堂等，從斷垣殘壁間，設法想像這些建築在當年是如何宏偉壯觀。園區內還有圍牆、防禦工事和瞭望塔的殘跡，以及散落在地上的石柱、石棺和殘破雕塑，這些遺物就這麼沉默地躺在城堡山上逾千年之久，將它的歷史滄桑展現在世人面前。

上左：前往阿拉伯帝國倭馬亞王朝的埃米爾宮殿群的路上
上右：埃米爾宮殿遺跡
下左：從赫拉克勒斯神廟的殘跡想像當年宏偉的全貌
下右：埃米爾宮殿石窗窗景

羅馬之外的羅馬

遊古羅馬城和一群活潑的約旦女孩合影

位於約旦北部的杰拉什古城遺址（Jerash）距安曼約五十公里，是我在約旦的下一個旅遊目的地。這座有三千五百多年歷史的古羅馬城，是義大利境外保存得最完整、最大的，被譽為「中東龐貝」。

公元前一千六百年，杰拉什就有人類居住並繁衍生息。古希臘時期，此處展開城鎮的建設。公元前六十三年，羅馬軍隊占據敘利亞及杰拉什周邊地區，這兒開始興建起羅馬風格的建築，城市的規模逐漸形成，杰拉什就在這樣的基礎上發展起來。隨著羅馬帝國的起伏動盪，以及拜占庭、阿拉伯倭馬亞王朝和阿巴斯王朝的興起與衰落，這塊地方也經歷多次的戰亂和爭奪。最為興盛繁華的時

譽為「中東龐貝」的杰拉什古城遺址

候，人口達兩萬多人，是中東的貿易中心，一度名列中東地區四大名城之一。爾後杰拉什受到多次地震摧殘，尤其公元七四九年一場毀滅性的強烈地震，建築物禁受不起嚴重破壞，城市幾乎毀於一旦。直至九世紀，杰拉什已埋沒在荒煙蔓草之下，就此銷聲匿跡。直到一八〇六年，德國探險家奧里赫（Urich Jasper Seetzen）途經此處，發現了部分遺跡。二〇年代開始，在考古隊不斷發掘和修復下，終於讓深埋在黃土之下、失落千年的文明古跡重見天日。

我跟隨導遊的腳步，以遺城的凱旋門為起點。凱旋門又叫做哈德良凱旋門，公元一二九年，為了歡迎當時的羅馬皇帝哈德良（Publius Aelius Traianus Hadrianus Augustus）蒞臨此地而建，不僅以他來命名此門，更舉行了大型的進城慶祝儀式。根據歷史記載，這位羅馬皇帝博學多才，又喜愛旅遊，在他身為統治者期間，羅馬帝國治下有不少行省都留下他的足跡。英國歷史學家愛德華・吉朋（Edward Gibbon）所著的《羅馬帝國衰亡史》（The History of the Decline and Fall of the Roman Empire）裡就有這樣的一段話：「哈德良的生活幾乎是始終處在永無止境的旅途之中。」在公務之餘不忘旅遊的我不禁心有戚戚焉，倘若我能穿越時空跟他見上一面，一定會擦出火花，聊起許多關於旅遊的共同話題。

歲月的摧殘並沒有減損這座凱旋門的宏偉大氣、威武不凡，巨大的石塊疊築起中央與左右三道拱門，近前一看，門上的石柱雕刻著精緻的圖案和花紋，粗獷中帶有細緻。穿越拱門後，左手邊是一座羅馬賽馬場，約長兩百六十米，寬五十米，一側是石階看臺，可容納一萬五千多名觀眾，過去用來進行賽馬、戰車和體育比賽等，是整個杰拉什城內占地面積最大的場地。我坐上看臺，環視整個賽馬場，彷彿置身在電影《賓虛》（Ben Hur，臺灣譯為賓漢）馬車競技的場景中，非常具有臨場感。此時傳來陣陣鼓角聲，原來場內正在拍攝古羅馬賽馬和戰士格鬥的場面，當年馬車馳騁的緊張氣氛立即撲面而來。

左：哈德良凱旋門

右：哈德良凱旋門石柱雕刻著精緻的圖案和花紋

古羅馬賽馬場全景

過了賽馬場，斑駁而厚實的石牆向城內延伸。導遊介紹說，城牆共有四座城門，同時每隔一定距離就建有一座塔樓或高臺，總共有一百多座。我們繼續往前行，主要入口是一座殘破不堪的南大門，然而想要一探昔日繁華的古城，卻正是從門後的南大街揭開序幕。

橢圓形的羅馬廣場規模長九十米、寬八十米，十分寬闊，周圍環繞有邊廊，清一色的愛奧尼亞式石柱（Ionic Order），保存得相當完整。這款石柱屬於古希臘建築的特色之一，柱頭有一對向下的渦卷裝飾，特點是比較纖細，所以又有女性柱的美稱。舊時廣場中央設有兩個祭壇和一座噴泉，現在已不復存在了。連接羅馬廣場是一條長達八百米的廊柱大街，高聳的石柱是另一種古希臘的柱式——科林斯柱式（Corinthian Order），比愛奧尼亞柱式更為纖細精緻，柱頭形狀似盛滿花草的花籃。據導遊的介紹，這條石柱街建於公元一世紀，原來也是愛奧尼亞式石柱，後來到公元二世紀時進行改建，才將石柱換成科林斯式。

上：南大門
中左：橢圓形的羅馬廣場周圍環繞的邊廊石柱是愛奧尼亞式石柱，柱頭有一對向下的渦卷裝飾
中右：廊柱大街的高聳石柱是科林斯柱式，柱頭形狀似盛滿花草的花籃
下左：宙斯神廟殘存的高大石柱
下右：宙斯神廟

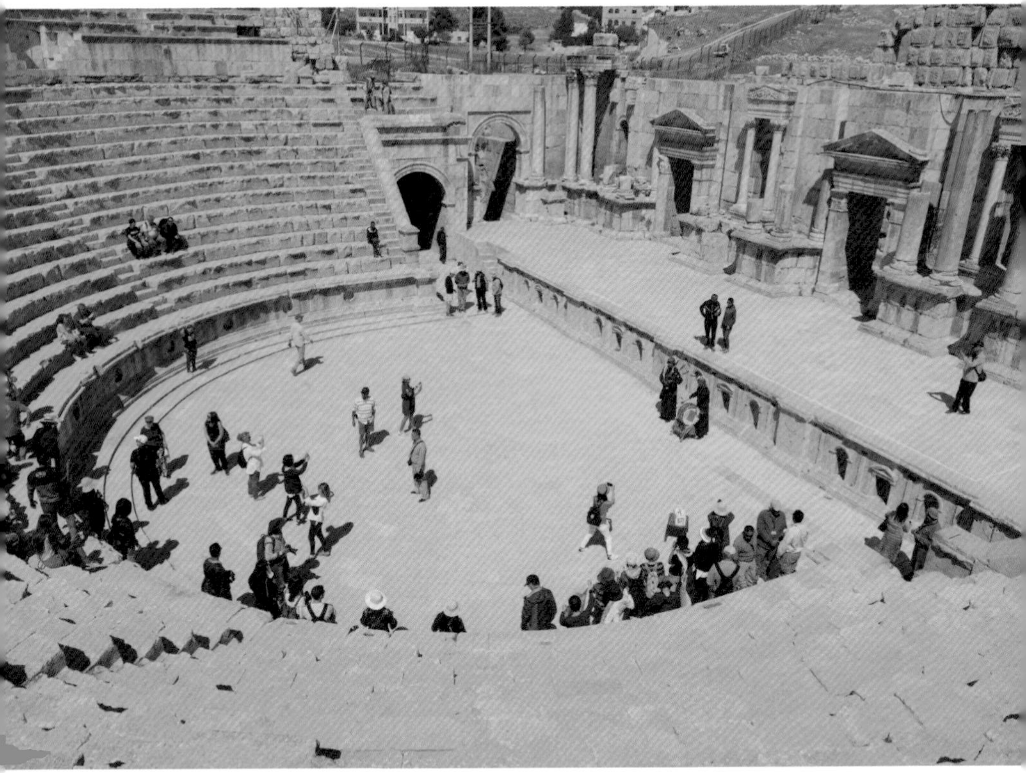

上：月神阿爾忒彌斯神廟
下：南劇場巧遇街頭藝人表演

左：專業導遊帶領解說杰拉什古城殘存建材雕刻
右：基督教堂內地板嵌有馬賽克圖案，以及文字

從橢圓形廣場往上走，山丘高處分別有宙斯和月神阿爾忒彌斯兩座神廟，以及南北兩座劇場，包括提供一千六百多名觀眾觀看唱歌、朗誦演出的北劇場，和南邊做為每年杰拉什藝術季表演場地，可容納三千名觀眾的古羅馬劇場。我們在南劇場巧遇街頭藝人的表演，坐在石階看臺上，樂音及鼓聲皆十分清晰。

神廟建築坍塌毀損得較為嚴重，但仍保有數根高聳入雲的巨大石柱。站在神廟的石柱旁，更感覺石柱的氣勢恢宏與自己的渺小。從高處環視整座古城，眾多巍然挺拔的石柱千百年來屹立不倒，這些建築承載著「千柱之城」的美譽，讓人悠然懷想此處曾是如何盛極一時、偉大輝煌，足可與羅馬境內的古城匹敵，難怪這個被掩埋千餘年的古城也被譽為「羅馬之外的羅馬（A Rome away from Rome）」。然而漫步於古城散落的遺跡間，四處遍布凌亂倒塌的殘垣斷壁，又忍不住感嘆世事滄桑。

城內除了希臘羅馬建築之外，也曾經建有十五座基督教堂，如今仍有部分殘存。教堂多建於五、六世紀間，地板嵌有色彩斑斕的馬賽克圖案，非常漂亮。可惜我受限時間，未能進入內部仔細欣賞。

杰拉什整體的面積不算小，所以若時間充裕的話，建議能夠安排一整天，身臨其境了解它的發展史，收穫與感受將遠不是文字和圖片所能給予的。

上左：殘垣斷壁
上右：殘留的基座上刻有古羅馬文字
下：眾多巍然挺拔的石柱千百年來屹立不倒，這些建築承載著「千柱之城」的美譽

失落的玫瑰古城

約旦南部距離安曼約兩百六十公里之處，被群山環抱的穆薩谷地中，有一座曾經泯沒於歷史洪流中，而後又重新被世人發現的歷史古城。二〇〇七年七月八日，古城甚至被評為世界新七大奇跡之一。遊完杰拉什，接著便是我最期待的行程——佩特拉（Petra）。如果到約旦只能前往一個地方，毫無疑問，佩特拉便是唯一的選擇了。

山丘或岩壁上有許多空洞，是納巴泰人鑿岩而成，作用包括墓碑、墓穴和墓室

「佩特拉」來自於希臘語，為「石頭」之意，在《舊約聖經》中稱為「塞拉」（Sela），涵義也同樣為「岩石」。一般咸認為佩特拉是來自阿拉伯西部的游牧民族納巴泰人（Nabataeans）的王國首都，在公元前一世紀至公元二世紀期間極其繁榮，經過朝代更迭起落，公元一〇六年淪為羅馬帝

左：賽格小道（蛇道）是隱藏在狹窄岩谷中的一條蜿蜒裂縫小路
右：蛇道邊沿山壁鑿的引水道

國的一個行省，三世紀時，海上貿易取代了陸上的商路，古城開始走上衰落之途，而到七世紀時已經是一座廢棄的空城。直到一八一二年，瑞士探險家伯克拉特（Jean Louis Burckhardt）喬裝成穆斯林朝聖者，隨著貝都因人進入此處，才揭開佩特拉的面紗，成為世界聞名的古跡。由於此區岩石的基色呈粉紅色，使得佩特拉獲得一個美麗的別稱，叫「玫瑰古城」。

隱藏在狹窄岩谷中，一條蜿蜒的裂縫小路是通往玫瑰古城的唯一道路，這就是長約一公里半的峽谷通道——賽格小道（Al Siq），一般稱為「蛇道」。從入口旅客中心至蛇道的這段路，可以在側邊的山丘或岩壁上發現許多空洞，這些是納巴泰人鑿岩而成，作用包括墓碑、墓穴和墓室等，同中國古代墓穴一樣，埋葬者的身分決定了墓碑的規格圖案以及墓穴上方的稜柱數目等。

左：像大象的岩石
右：蛇道岩壁的雕刻——牽駱駝人的下半身及駱駝的腳

我循著探險家當年走過的路線前進，蛇道兩側被高聳的岩壁所包圍，路線彎彎曲曲，最寬處約七米，最窄處僅有兩米，由於蛇道除了讓旅客步行進入外，還可以騎馬和乘馬車，因此當我步行其中，還得不時閃避往返的馬車和馬匹，有時還出現險象橫生的情況。馬車最多只能走到蛇道的盡頭，就不能再往前行了，旅客則可以繼續步行前進。來到狹窄處，我抬起頭來，能從峽縫中看到天空，深深感受到「一線天」帶來的震撼感。

不過最讓人畢生難忘的，莫過於走到蛇道盡頭，隨著腳步的挪動，原本狹窄的視野範圍驀地豁然開朗，在峽縫後方，古城中最偉大的建築遺跡——卡茲尼神殿（Al Khazneh）完完整整地呈現眼前，突如其來的視覺衝擊，讓我和其他的旅客一樣，不禁發出嘩地一聲驚嘆，為面前的龐然建築所震懾，個中感受非文字所能形容。

左：在神殿前與駱駝合影
中：人和馬車爭道的蛇道
右：從蛇道盡頭看向卡茲尼神殿

這座古代神殿正面高四十米，寬三十米，是將一整塊完整的玫瑰紅砂岩雕鑿而成，氣勢宏偉的門面顯得高不可攀。神殿分為上下兩層，以六根羅馬科林斯式柱支撐，楣梁和門檐都有精細的女神和戰士浮雕，整座神殿如一件完美無瑕的巨型雕刻藝術品。兩千年前，在如此貧瘠荒蕪的沙漠荒谷中，不靠現代科技的打造，居然能夠雕刻出這般巧奪天工的雄偉建築，怎不令人嘆服？考古證明納巴泰人不僅是沙漠裡精明的商人，也是卓越的雕刻和建築師。

卡茲尼的意思是「寶庫」，因為貝都因人傳言這兒為納巴泰國王的藏寶處，當然至今並未發現任何寶藏。而與外觀富麗堂皇恰恰相反，神殿的內部既沒有宏偉的

神殿以六根羅馬科林斯式柱支撐，楣梁和門檐都有精細的女神和戰士浮雕

廳堂，也沒有精緻的裝飾，只是一間簡樸的大廳和前面兩間側廳。二〇一六年我第一次前往時，尚能夠進入內部。待二〇一八年四月再訪時，已封閉不能進入了。

經過卡茲尼神殿後，繼續往前，穿過一條古街道Street of Facades，進入一片寬廣的區域，此區散落的遺跡，無論是神廟、半圓形露天大劇場，或是數十座王室貴族的墓塚，還有修道院等，都向旅客訴說著這兒曾經擁有如何燦爛輝煌的文明。最後在導遊的協助下，我冒險攀上卡茲尼神殿對面的峭壁上，俯首欣賞與山壁渾然成一體的千年神殿，它是如此不同凡響，代表了一個失落城市的黃金年代，也是精湛雕鑿工藝的典範。

古街道區殘存的遺跡

除了古城外，佩特拉博物館也同樣具有名氣，陳列許多出土的陶器、雕塑、銅、鐵和玻璃製品等文物，來到此處，也別忘了安排時間參觀。

宗教聖地——尼泊山

安曼周邊景點的遊覽被排到行程的最後，我先將最想前往的古城遺址統統參觀之後，再重回安曼周邊，來到尼泊山（Mount Nebo）。尼泊山海拔八百米高，是約旦最知名的宗教聖地之一，據《聖經》記載，此為先知摩西度過最後時日和升天的地方，因而又叫「摩西山」。摩西帶領以色列人逃離埃及，途中與敵周旋和克服萬難險阻，最終來到西奈山上接受上帝啟示，為猶太人定下了「十誡」，並將戒條刻在兩塊石板上，這就是家傳戶曉的「摩西十誡」故事。

基督徒來到這裡修建許多教堂，成為信徒朝拜的聖地。其中在山上的一座教堂內，留下基督教和猶太教的重要遺跡，地板鑲嵌各種關於耕地、狩獵和鳥獸的圖案，反映著當時猶太人的日常生活。山上聳立一根巨大的銅蛇十字架，同樣出自《聖經》的典故，銅蛇象徵上帝要摩西造一銅蛇掛在柱子上，使得被毒蛇咬傷的人見到銅蛇杖便活了過來；十字架則代表耶穌受難的十字架。這根盤蛇十字架直指蒼穹，頗具氣勢。

從尼泊山下來，我就直奔附近的「馬賽克之城」，馬達巴（Madaba）是世界上馬賽克鑲嵌製品種類最多的城市，它同時是座擁有三千多年歷史的古城，與許多約旦的古城命運相同，也歷經多次戰亂和易手。幸而在拜占庭時期，馬賽克藝術被引進到這裡，並獲得蓬勃發展。這是個沒有高樓大廈的城鎮，只見樸實平房和整潔街道，以及許多售賣手工藝品的紀念品商店或攤子。路上行人稀少，呈現寧靜祥和的氣氛。許多教堂、考古公園、博物館內，都可以見到馬賽克砌成的圖畫和作品，甚至還有馬賽克學校。

左：尼泊山山上聳立一根巨大的銅蛇十字架
右：尼泊山山上的教堂

左：尼泊山上紀念摩西的石碑
右：教堂內部

左：尼泊山上的雕塑紀念碑
右：地板鑲嵌各種關於耕地、狩獵和鳥獸的圖案

尼泊山上可眺望約旦河河谷，左方隱約可見的是全世界最低的湖泊——死海

上：聖喬治希臘東正教堂的地板是一幅用馬賽克拼貼而成，有一千四百多年歷史的殘缺地圖，其中被城牆圍住的就是耶路撒冷
下：聖喬治希臘東正教堂

旅客來到城內絕不容錯過的地方，非聖喬治希臘東正教堂莫屬了。這間建於十九世紀的教堂，有個極為珍貴的地板，是一幅已有一千四百多年歷史的殘缺地圖，據說最初的完整地圖是由超過兩百萬片各種色彩的馬賽克鑲嵌而成，內容以耶路撒冷為中心，繪製出從埃及到巴勒斯坦地區

死海

在聖經中提及的主要地點，並以希臘文加以標示，就連地形地貌、人物和動植物、船隻、建築等皆清晰可見，是世界上現存最古老的中東地圖，亦是一幅朝聖地圖，其考古價值不容小覷。

另外還有個值得一提的有趣經歷，那就是死海浮游。死海的湖面海拔低於海平面四百二十多米，是全世界最低的湖泊，位置在以色列和約旦之間的約旦河大裂谷地區。此前我曾經在以色列那一頭的死海遊玩過，並且嘗試了漂浮。來到約旦，還是忍不住再去體驗一次。這部分的細節，我將會在未來出版的以色列遊記中，好好詳述一番。

暴走紅沙漠

二〇一八年十一月初，我乘集團在安曼的分公司開幕之便，再到約旦一探月亮谷（Wadi Al-Qamar），它是約旦必遊的三大奇景之一，其他兩個則是我已經兩度前往的佩特拉和死海。原本我以為這趟前往月亮谷不過就是彌補一下遺珠之憾，實地親臨時才發現，它的奇特景觀居然是約旦自然奇景中最為雄偉壯觀的。

月亮谷又名瓦地倫（Wadi Rum），位於約旦西南部，是一片由砂岩和花崗岩形成的沙漠谷地。從首都安曼出發，在顛簸的公路行駛三個多小時，越接近目的地時，空曠的大地開始颳起風沙，窗外已朦朧一片。我頓時好生擔心，深怕沙漠景區會因此臨時封閉，這樣豈不是白走一遭？司機發現

前往月亮谷途中，大地颳起風沙

遊走月亮谷必須轉搭區內專用敞篷四驅車

我的忐忑，跟我說明此乃沙漠中常見現象，當日行程肯定不會被風沙所延誤。

瓦地倫現在已被政府劃為保護區。我們先到旅客中心報到，入口處是兩座堡壘，原來過去是沙漠部隊的碉堡，如今成了景區管理辦事處。為了保護旅客的安全，還有騎乘駱駝的警察經常在景區內巡邏呢！將乘坐的汽車停泊在此，我們轉搭區內專用敞篷四驅車，以免行走於沙漠時，陷入沙堆、石礫中動彈不得。

說到瓦地倫沙漠，是約旦最大的乾谷，整片大漠覆蓋著紅色細沙。每當日落時分，斜陽夕暉將沙漠映得呈現出赭紅、磚紅等紅酒般的色調，所以有「酒紅色山谷」之稱。兩千多年前，瓦地倫已是納巴泰文明的領地，這片土地上亦留下不少納巴泰人的神廟遺址，幾十公里外的佩特拉，就是其中的代表。我在景區內的紅色岩壁上，見到古老的岩畫和銘文，刻有駱駝、馬和鴕鳥等圖騰，相當清晰，當中就有納巴泰人所留下的，岩畫成為沙漠的珍貴文明遺產。

這一帶是貝都因人的游牧之地，他們無懼於乾旱炎熱的天氣，在沙漠上尋找水源，搭起帳幕為家，維持傳統的生活方式。

一九六二年一部英國電影《沙漠梟雄》（Lawrence of Arabia，臺灣譯為《阿拉伯的勞倫斯》）就在沙漠實景拍攝，昔日的片場現在成為旅客的休息中心，帳幕前的一塊岩石上，居然刻有英國陸軍情報軍官勞倫斯（T. E. Lawrence）的肖像。電影的背景是第一次世界大戰時期，英國為阻止鄂圖曼土耳其帝國吞併阿拉伯領土，派遣軍官勞倫斯到阿拉伯，組織聯合當地各部落軍力與土耳其對抗，屢次擊敗土耳其軍隊，因而成為阿拉伯人的英雄偶像，稱他為「阿拉伯的勞倫斯」。稍遠一些，有一處「勞倫斯之泉」（Lawrence's Spring），據說往山上爬一段就可以看見一道山泉，並可從高處眺望沙漠風光。一個用磚石和岩壁結合而成的建築，則是他駐紮過的基地，如今都成了旅遊的景點。

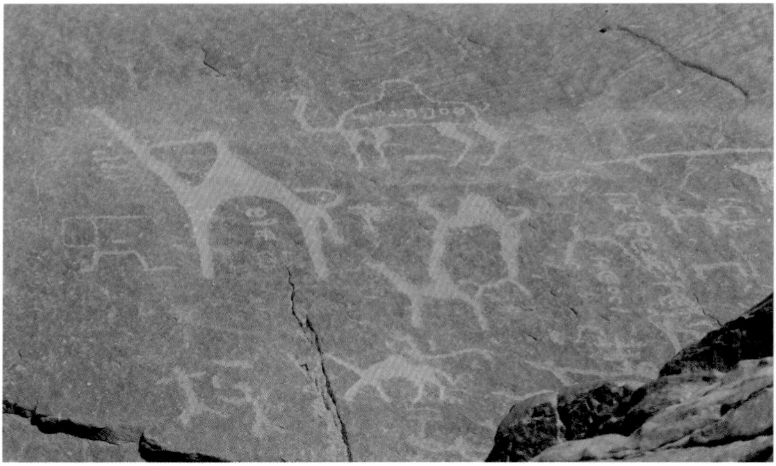

紅色岩壁上刻有駱駝、馬和鴕鳥等圖騰的古老岩畫和銘文

上左：貝都因人搭起帳篷為家
上右：貝都因人請我喝貝都因茶，合影留念
下：《沙漠梟雄》的片場現在成為旅客的休息中心

勞倫斯的浮雕

瓦地倫「月亮谷」的美名又是從何而來呢？除了細緻紅沙外，大漠裡還矗立一座座經受千萬年風化而形態千奇百怪的岩石，有些更高達數百米。若由高空俯瞰，發現它的地貌與月球表面十分相像，月亮谷之名就不脛而走，傳遍天下了。

冒著烈日的曝曬，我們在廣闊空蕩的大漠上馳騁。途經拔地而起的巨岩，的確有著各種奇特怪異的形狀，還有刀削般險峻的岩壁，以及拱橋等，千姿百態，引人遐思。我也踏著柔軟的沙堆，登上岩峰，站在削壁邊緣極目遠望，蒼涼寂靜的無垠沙漠上，層層怪石疊起，甚而構成一道道峽谷，不禁嘆服造物者的鬼斧神工。忽而吹來一陣大風，揚起黃沙，眼前變得如夢境般朦朧，真是如夢似真，令人驚嘆不已。

月亮谷面積廣闊，除非時間有餘裕在此留宿一宵，否則無法在幾個小時內走遍保護區。現在瓦地倫已經發展成熱門旅遊區，帳幕式的酒店一間又一間蓋起，為旅客提供宿營服務。馳騁在空曠的紅沙漠上，我行經一間酒店，見其設計新穎，約有二十個穹幕帳篷營地。躺在帳篷內透過大片透明窗欣賞窗外景致，或是夜幕低垂時，在營地露臺的躺椅上，仰看浩瀚星空，想必愜意非常。

結束了三個小時的月亮谷探險，我順道到約旦唯一海灣的城市——亞喀巴（Aqaba）。城市夾在紅海與崎嶇起伏的山巒間，鄰近以色列、埃及和沙特三國。由於紅海清澈，當地氣候也與沙漠中截然不同，相當舒適，一年四季皆為喜愛潛水、游泳等水上活動者的理想場地。日落美景當前，我顧不上疲勞，乘小艇出海，遊弋在屬於四個國家的紅海，享受涼風下的夜色，感到心滿意足。

眾遊客踏著柔軟的沙堆，登上岩峰

儘管我已遊歷過約旦最為著名的幾個景點，但其實還有不少遺珠之憾。所幸我們亨達安曼公司已開業營運，相信日後將有更多往來約旦的機會，我將擇日再來尋古探祕。

登上岩峰，站在削壁邊緣極目遠望

上：穹幕帳篷營地建構的酒店
下：沙漠之舟

黎巴嫩

黎巴嫩

黎巴嫩地區歷史悠久，早在兩千多年前，腓尼基人就生活在這片土地上，而她的名稱早見於公元前二十三世紀的埃勃拉文書。

目前的黎巴嫩共和國位於亞洲西南部、地中海東岸，東部與敘利亞接壤，南部與以色列為鄰，西瀕地中海。

她是中東地區最西化的國家之一，境內更有人類最早一批城市與世界遺產，最古老的古跡已經有五千多年的歷史，全球各地觀光客因此慕名前來。

中東小巴黎

黎巴嫩（Lebanon）一早就在我的旅遊計畫之中，不過她到底經過長期的戰亂，與中東的「是非之地」敘利亞僅一山之隔，政局依舊存在變數，導致多次更改行程，始終未能成行。聽聞我的親家已計畫到當地深度遊，終促使我下定決心前往。臨出發前，幾位好友特地給我溫馨提示，強調當地並不安全，特區旅遊局仍對旅客發出紅色警示，希望我三思。然而幾經考慮後，我還是斗膽冒險一試。

我乘坐的航班降落在黎巴嫩首都貝魯特的拉菲克・哈里里國際機場（Beirut Rafic Hariri Int'l Airport），就此踏上自己旅行地圖的第142個國家。走出機場與迎接我的司機會合後，我們隨即前

貝魯特國家博物館

往離市區約二十分鐘車程的酒店。車窗外的街景帶有歐式風情，讓我未來得及反應這裡是中東國家之一。儘管路上仍設有軍警哨站，他們都神情輕鬆，沒有氣氛緊張的盤查，使我原來忐忑不安的情緒，隨之逐漸消失。

路上司機侃侃而談，先讓我對黎巴嫩有一個初步的了解：黎巴嫩在中東算是一個小國，人口約五百萬，國土面積一萬多平方公里。她位於地中海東岸，與以色列、敘利亞為鄰，擁有豐富的地貌，面迎碧藍的地中海，境內又有白皚皚的雪山、深幽的峽谷、河流和松林。導遊自豪地說，若非一九七五年至一九九〇年這段長達十五年的內戰損耗，黎巴嫩當是人間不可多得的福地。

她立國於一九四三年，卻有著悠久的歷史，公元前兩千多年這裡已有腓尼基人居住，文化底蘊深厚。加上她地居要衝，歷來是兵家爭奪的戰略地帶，曾經受到亞述、羅馬、希臘、波斯、鄂圖曼、阿拉伯、亞美尼亞和巴比倫的文化影響，是一個多元文化大熔爐。

與其他中東阿拉伯國家不同，人民對宗教信仰的自由度很高，其中全國人口一半信奉伊斯蘭教，其餘分別是基督教、天主教等多種教派，每天來自清真寺宣禮塔的呼喚聲和基督教教堂的鐘聲此起彼落，互相共鳴。該國的政治架構也很特別，根據其協定法案，總統必須是基督教徒，總理是伊斯蘭教的遜尼派教徒，議會議長則是什葉派，以達到平衡的局面。在社會政策與風氣上，黎巴嫩的開放程度較其他中東國家要高，不僅婦女穿著自由得多，酒吧、電影院也到處可見，尤其與隔鄰的敘利亞比較，更是天淵之別。

石棺展示區，每座古石棺上都有精采的雕刻

我認為，想要了解一個陌生地方，最快最好的方法就是到當地的歷史考古類博物館參觀，那是個打破時空束縛的場所。透過看似不起眼的破碎磚瓦、瓶罐，到古文壁畫，以及製作精良的寶石飾物，從中找尋歷史發展的脈絡，了解人民的起居飲食，或挖掘出被人遺忘的細節。所以我撂下行李後，二話不說，第一個目的地就是貝魯特國家博物館（National Museum of Beirut）。

博物館建於一九三七年，樓高三層，門前有四根巨大的柱子。與北京故宮博物院相較，規模自然是小巫見大巫，但是館內收藏的珍貴文物卻讓人另眼相看，被認為是黎巴嫩最重要的考古博物館。文物從第一次世界大戰後開始收集，到目前各類的藏品逾十萬件，涵蓋史前時期、青銅時代、鐵器時代、希臘時期、羅馬

鎮館之寶是公元前十世紀腓尼基城邦阿希拉姆國王石棺，棺蓋上刻有文字

時期、拜占庭時期和馬穆魯克時期的珍品。

不幸的是，在那段十五年的內戰期間，博物館的位置剛好坐落在各敵對派系的分界線上。考古人員雖採取辦法努力搶救，甚至用水泥將文物加以封存，使大部分的文物得以保存下來，但仍有很多文物遭到破壞。館內有一套視頻，特別介紹考古人員在戰後如何復原古物。眼見那些珍品遭受破壞、嚴重受損的慘況，便不禁痛心萬分。今天博物館門前的大柱，也曾是彈痕累累，經過修復才回復現在的面貌。

目前展出文物，都是經過修復和重新整理的，例如腓尼基、波斯、希臘、羅馬時期的石棺、石雕、馬賽克、陶瓷器、錢幣和珠寶等。當中有一具石棺，號稱「鎮館之寶」，是公元前十世紀腓尼基城邦阿希拉姆國王（Ahiram）

左：清晨的貝魯特港
右：沿著海灣大道跑步運動的民眾

的石棺。這具石棺是在離貝魯特不遠的海灣小鎮——比布魯斯（Byblos）出土，當地發現不少王室墓穴。棺身是由四頭獅子雕像所抬起，周圍則有精細的浮雕，包括端坐在寶座上的國王，以及向他列隊獻禮的人民。棺蓋上刻了一段文字，經過專家們的破譯，認為是詛咒褻瀆這座陵墓和石棺的人。而其中的重要性在於這段文字是以腓尼基文寫成，今天西方使用的字母，來源就與腓尼基文字有很密切的關係。為了尋根問底，參觀完博物館，第二天我便選擇前往比布魯斯，到遺址上實地追尋腓尼基人的文明。

翌日清晨，在和煦的陽光下，我先獨自走到酒店前的Zaitunay海灣。海灣連接貝魯特港口，是大型客貨船停泊轉運的集散地。週日一早，見到許多熱愛運動的民眾在Zaitunay海灣大道跑步，展現了這個城市的活力，原來他們是為了即將到來的貝魯特馬拉松活動熱身。在這般祥和氣氛的烘托下，我循著他們的跑步路線漫步貝魯特市區。作為一個首都城市，貝魯特市中心是政府的行政辦公區。代表性的地標包括一座鄂圖曼時期的鐘塔，以及鐘塔附近的穆罕默德・阿明清真寺（Mohammad Al-Amin Mosque），這座建築宏大的清真寺有著色彩鮮明醒目的藍色圓穹頂，據說設計上參考了土耳其伊斯坦布爾（或譯為伊斯坦堡）的藍色清真寺——蘇丹艾哈邁德清真寺。緊貼它的還有聖喬治教堂（Saint George Greek Orthodox Cathedral）。此外，中間則有一片羅馬浴場的遺跡。

教堂前面是烈士廣場（Martyrs' Square），中央豎立一座烈士紀念碑，為紀念遭鄂圖曼統治者殺害的民族主義者。細看一下，黑色的紀念碑滿布彈孔，也是內戰期間的產物，想必在修復時，刻意保留彈孔痕跡，以記錄當時戰火的無情。

穆罕默德・阿明清真寺有著醒目的藍色圓穹頂

ROLEX

黑色的烈士紀念碑上滿布的彈孔，是內戰期間的產物

上左：鄂圖曼時期的鐘塔
上右：羅馬浴場的遺跡
下：聖喬治教堂

與許多城市沒有不同，貝魯特也分為舊城和新城區，除了保留古樸阿拉伯式民居外，亦建有現代摩天大廈，創新和傳統、摩登與古老的建築共治一爐。由於黎巴嫩在第一次世界大戰後成為法國的委任統治地，使得街道帶有歐式風格，所以又叫「中東的小巴黎」。目前政府積極建設城市，可見到多處地方正在大興土木，想必下次再來時，首都面貌已煥然一新，更加繁華絢麗了吧。

上：新市區現代化的建築正在大興土木
中：老市區的瑰麗街景
下：奪人目光的大型塗鴉壁畫

腓尼基人的珍貴遺產

結束市區漫步後，下個目的地便是我前日就已計畫好的比布魯斯，這個城鎮又叫做朱拜勒（Jbeil），位於貝魯特北部約四十公里。經考證，七千年前的新石器時代這裡就有人類居住。其歷史一直延續下去，未曾中斷，被認為是「延續至今的最古老城市」。公元前三千年，它由小漁村逐漸發展成頗具規模的城鎮，是地中海東岸木材貿易重要港口之一，亦是西區貿易的中心。

公元前兩千八百年，腓尼基人在周圍修築了防禦城牆，又興建市內的排水系統，並建都於此，它的黃金時代於焉展開，並一度發展成埃及和美索不達米亞（兩河文明）這兩大世界最早文明的交會點和貿易中心。

比布魯斯的特色市集

善於經商的腓尼基人為了方便商業活動，解決商業契約的訂立等需求，創造具有二十二個字母的文字，從而成為希伯來文、希臘文及拉丁文等字母文字的始祖，而現今西方的字母又是從希臘文和拉丁文演變而來，因此腓尼基文可說是西方文字之母，可見腓尼基人對人類文明的貢獻是多麼重要，留給了世界如此珍貴的遺產。

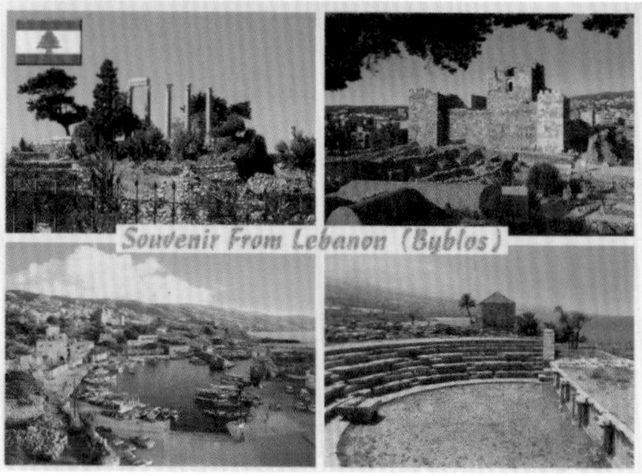

比布魯斯明信片

由於地處歐亞的交界，比布魯斯在七千年的漫長歷史中，也多次易主，因此在這兒可以見到許多不同時期的建築遺跡，例如可以追溯到公元前兩、三千年歷史的幾座腓尼基神廟，像是L型神廟（L-shaped Temple）、方尖碑神廟（Obelisk Temple）和Baalat Gebal女神廟，另外還有一座小型的羅馬劇場，以及一口原本為小鎮的水源，但目前已然乾涸的國王水井。但這些遺跡多半殘存得不多。地底發掘出來的文物就精采得多，一共發現了九個王室墓穴，發掘出數具石棺，其中阿希拉姆國王的石棺最為珍貴，正是我前一日在國家博物館中所見到的。

左：建築遺跡
中：斷垣殘壁上的雕刻
右：市集用餐區的屋簷
有一個彎彎的弧度

上：十字軍城堡遺址
下：塔樓上遠眺古城遺跡，濱海處是鄂圖曼建築風格民房

有一座面積不大的十字軍城堡遺址，則保存得相對完整，在世界上已為數不多。城堡建於十二世紀，是蓋在一座九世紀埃及法蒂瑪王朝的建築物上，城堡所用的石材，有部分取自當地腓尼基人和羅馬人留下的建築物。

我一鼓作氣，沿著充滿歲月痕跡的石階登上城堡的塔樓，臨高遠眺，整座遺址群一覽無餘。這時我才發現，遠處臨海邊居然有個獨棟民房，與周遭環境相比，十分突兀。原來這片具有相當規模的古城遺跡是在法國委任統治時期開始進行考古挖掘，當時將上方原來的鄂圖曼建築風格民房全部拆遷移除，而這棟就是唯一留下來作為歷史見證，供人憑弔欣賞的。

海風習習下，我腦海忽然浮現出「永遠的軍中情人」鄧麗君一曲《小城故事》中的歌詞：「看似一幅畫，聽像一首歌，人生境界真善美，這裡已包括。」此中描述的意境，竟非常吻合這千年小鎮的氛圍。

別有洞天的傑達溶洞

若說比布魯斯是非去不可的旅遊景點，那麼傑達溶洞（Jeita Grotto）和山上的哈里薩教堂（Harissa）這兩個地方同樣值得一遊。這兩處景點都在前往比布魯斯的必經之路上，因此，在到達比布魯斯前，導遊已安排我先遊溶洞和教堂。

溶洞位在貝魯特以北約二十公里處，黎巴嫩山脈的底部，這裡屬於喀斯特地貌，經過數千萬年的大自然變化，溶洞已形成一條巨大而複雜的地下河，蜿蜒數公里。我曾經前往國內外多個鐘乳石溶洞參觀，覺得世界各地的溶洞大同小異，而且傑達溶洞並未列入世界自然遺產，知名度亦不如斯洛伐克的溶洞群，因此抵達景點時，心中已有打退堂鼓之意。不過中東地區溶洞地貌確實少見，加

聖母山山上錐形的哈里薩教堂

上我又能享有長者半價優惠門票，既來之，則安之，姑且進入遊覽一番。

黎巴嫩政府對保護自然景觀可謂不遺餘力，採取嚴格的管理措施，洞內不准拍照，在進入溶洞前，更嚴格要求旅客把身上攜帶的手機和相機統統寄放在洞外的儲物櫃。我按規定寄存相機，不過仍偷偷把手機藏在身上，尋思能否找到機會留下一點記錄。不料洞內不單安裝了監控，每個拐角處都有專人看守，我無計可施，唯有放棄偷拍意圖，專心在洞內參觀。

走進溶洞內，才發覺它別有洞天，且設有燈光照明，讓旅客可盡覽奇景。溶洞相當特別，參觀路線分為上、下兩部分，上部屬於旱洞，旅客能夠行走於步道上觀賞，由於步道是順著地勢建造，因此整條路線彎彎曲曲，總長度達六百五十多米。洞內的鐘乳石形態萬千，石筍石簾等造型奇特，展現了大自然的鬼斧神工，令人目不暇給，還可引發浮想聯翩，頗具趣味。偌大的穹頂最高達八十多米，瑰麗壯觀。這裡的燈飾流於自然，未像中國湖南黃龍洞內採用五彩繽紛、華麗璀璨的照明，予人的感受較為清新舒服，對自然環境保護也更為周到，當可做為借鏡。

下洞是地下河，我與其他旅客一樣，乘搭專門的平底小艇，順著八百多米長的河道緩緩滑行，環顧欣賞周遭經千萬年水流侵蝕作用而形成的喀斯特地貌，河道曲徑通幽，實在是一次奇妙的體驗。

傑達溶洞周圍的環境也相當清幽，流水淙淙。旅客可以選擇乘坐登山纜車，或是景區專用的小火車，直達溶洞。當日雖然氣候炎熱，但因這裡位處山中，林木茂密，感覺非常舒適。

朱尼耶的美麗海岸線

仰望聖母像

離開溶洞後，我繼續往北，到達黎巴嫩沿海的第二大城市朱尼耶（Jounieh），此地建城約兩百年，屬於鄂圖曼時期的建築風格。特別之處在於城內擁有全國唯一賭場，這在中東阿拉伯國家簡直是匪夷所思。由於身為觀光渡假城市，每逢夏季夜晚，酒吧和餐廳其門如市，熱鬧非凡。

我們來到朱尼耶的主要目的是聖母山，山上有座錐形的哈里薩教堂，外型相當獨特，不過更特別的在於一座巨型純白的黎巴嫩聖母像（Our Lady of Lebanon）就豎立在教堂上。這尊聖母像在一九〇八年落成，高八點五米，重達十五噸。聖母像守護著黎巴嫩，是基督教徒的聖地之一。梵蒂岡教宗約翰保羅二世（臺灣翻譯為若望保祿二世）更曾於一九九七年五月十日到訪此地。

我沿著環繞錐形教堂的階梯登上頂部，來到聖母像前仰視，只見祂面帶柔和的笑容，攤開雙手，

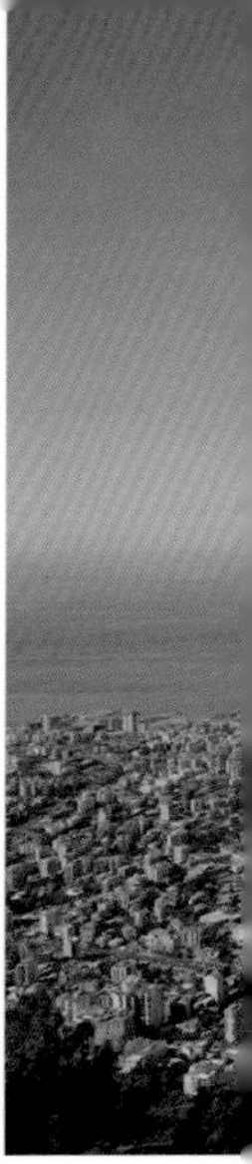

出海看鴿子岩

彷彿擁抱著整個朱尼耶城，亦像是歡迎來自四面八方的朝聖者。這裡是全城的最高點，往下望去，黎巴嫩海岸線的美景盡收眼底，令人心曠神怡，陶醉不已。

這天整日的行程非常豐富，地中海城市朱尼耶、登聖母山、遊溶洞觀賞喀斯特地貌，以及比布魯斯尋古探祕，結束後我仍意猶未盡。返回貝魯特市區後，我們隨即前往海岸邊，這裡是市民運動和垂釣的地方。臨岸邊有兩塊突起於海面上的巨大岩石，叫做鴿子岩（Pigeon Rock Grotto），岩石帶有波浪狀的條紋，其中較大的那塊底部還有一洞，如同拱門般，形狀獨特，甚至可讓小型遊艇穿越，不但是當地著名地標，也成為旅客到貝魯特必觀賞的景點。至於鴿子岩的名字因何而來，並不是岩石外型類似鴿子，有一說是岩石為鴿子停留築巢之處，另有一說則是岸邊有間餐廳叫鴿子岩洞，因而得名。

穿越鴿子岩的拱門觀賞地中海日落

我並未局限於岸上觀岩，當導遊提議乘船出海不但可穿越鴿子岩的拱門，還能觀賞地中海日落，美景當前，切勿錯失。此時已屆黃昏，我毫不猶疑，馬上前往Zaitunay海灣的遊艇俱樂部租船出海，乘著海風，在岩洞間穿梭。我曾在以色列的特拉維夫見過地中海的落日，此番與金色餘暉下粼粼波光、瑰麗多姿的地中海重逢於貝魯特，隨著小艇悠悠蕩蕩，更覺得貝魯特「中東小巴黎」的確名不虛傳。

世界上最宏偉最完整的古羅馬神殿

一片霧濛濛中，為貝卡谷地蒙上神祕的面紗

來黎巴嫩之前，我一直認為唯有前往羅馬，才能看到保存最完美的古羅馬神殿遺址。事實卻不然。相信大多數的人也跟我一樣，無法相信世界上規模最宏偉、最完整的古羅馬神殿遺址居然就在中東，就在地中海東岸的黎巴嫩境內。這種不可置信的感覺，就彷彿我初遊約旦時，遇到「羅馬之外的羅馬」杰拉什古城一樣。

巴爾貝克（Baalbek）位於貝魯特東北方八十多公里外的貝卡谷地中，海拔高一一七〇米，今天發展成一個以農業為基礎的城市，包含都會區約有十萬人口。貝卡谷地接近敘利亞邊境，時有武裝衝突與襲擊事件，並有敘利亞難民湧入，地區局勢並不穩定，然而巴爾貝克又是世界著名的歷史古

從古羅馬神殿復原圖上，一窺神殿壯觀的原貌

跡，絕不容錯過的黎巴嫩景點，使得許多旅客以當日來回的方式遊覽巴爾貝克。

「巴爾貝克」的意思是「太陽之城」。公元前三千多年，迦南人在這裡修建起祭祀主神巴爾（Baal）的神廟，成為千萬信徒朝拜的聖地，亦是迦南人和腓尼基人定居地。直到公元前六十四年，此地遭羅馬征服，開啟兩百多年的統治時期，在原來太陽城的基礎上不斷擴建，把神廟修築得更加宏偉，據信為了這些修築的工程，投入了超過十萬名奴隸。現存三座神廟分別供奉羅馬神話的萬神之王朱庇特（Jupiter）、酒神巴卡斯（Bacchus）和愛神維納斯（Venus）。這個融合了腓尼基文明和羅馬文明的巴爾貝克神廟群已於一九八四年被收列為世界文化遺產。

經歷兩千多年的變遷，希臘、羅馬、拜占庭、阿拉伯、鄂圖曼等多個時代人為或自然的破壞摧殘，神廟群早已殘破不堪，但僅是那些留存下來的文物遺跡，仍獲得世人的讚嘆。我到過各地不少的神廟遺址，自認為還算得上是個見過世面的旅人，但面對巴爾貝克神廟群這般龐大的規模、磅礡的氣勢，實在找不到適切的言語文字來表達我所受到的震撼。

我首先來到一座舊時的採石場，位於神殿遺址前面，裡面橫臥一塊堪稱世界最大的人工開採巨石，它仍未完全從地面割離開來，長二十米，寬和高各約四米半，據估計重達千噸。我真的無法想像缺少了現代起重設備，要如何將這塊岩石抬起並運到神廟區？這塊岩石有個特別的名稱叫「孕婦石」（Stone of the Pregnant Woman），這名字的來源有好幾種說法，其中一種是婦女碰觸巨石後很容易懷孕。

舊時的採石場橫臥一塊堪稱世界最大的人工開採巨石

上：六角形大廳殘留地上的花崗岩雕刻
右：石階上就是古羅馬神殿的大門
下：六角形大廳

上：占地廣闊的祭祀庭院，中央有大小兩個祭壇，以及兩側各有清洗祭品的水池
下：祭祀庭院三面是由玫瑰色的花崗岩石柱圍成的柱廊

我踏上石階，穿越大門，先來到原本應有三十根高八米柱子所圍繞的六角形大廳（Hexagonal Court），柱子所用的花崗岩來自埃及。更進去則是祭祀庭院（Great Courtyard），庭院非常寬廣，長寬各約一三五米和一一三米，三面皆由玫瑰色的花崗岩石柱圍成柱廊，中央是一大一小兩個祭壇，過去用來獻祭牛羊，兩側則各有一個用來清洗祭品的水池。

庭院剩下的那一面，是數十級石階，拾階走上七米平臺，就是氣勢恢宏的朱庇特神廟。神廟約為八十八米長、四十八米寬，據說是世界最大的羅馬神廟。它原先應有五十四根巨柱圍繞著大殿，每根巨柱高約二十米，直徑二點三米，上方的楣梁也有五米，因此神廟的頂端足足有二十五米高。這些巨柱均由三節圓柱鑲接而成，並沒有使用黏劑接合，非常緊密，石縫間連刀刃都無法插入，古人精湛的建築技術實在叫人大開眼界。

朱庇特神廟只能用多災多難來形容。六世紀時，閃電摧毀了神廟建築，再加上地震與其他自然因素的影響，加上時代的輪替，不同宗教信仰的政權將神廟改建或挪作他用，例如查士丁尼時期，就將倒塌的石柱運到土耳其的君士坦丁堡修建聖索菲亞大教堂；十字軍時期，石材也被移作堡壘建築等。

時至今日，神廟絕大部分已坍塌損毀，卻依然可以從部分殘跡上發現精細的雕刻，想見昔日的輝煌。例如科林斯式柱頭上可以明顯見到雞蛋和箭頭等圖案，據說雞蛋是象徵出生，而箭頭則代表死亡，另外楣梁上雕刻了精美的獅頭，那是作為出水口之用。

神廟目前唯一留存下來比較完整的，只有南面六根排成一行以楣梁相連接的巨柱，傲然挺立。可惜的是，當日朱庇特神廟正在進行維修，六根巨柱被棚架和布簾遮擋住，未能趨前一睹它的真貌。要知道這六根屹立不倒的石柱可是黎巴嫩的象徵和驕傲。

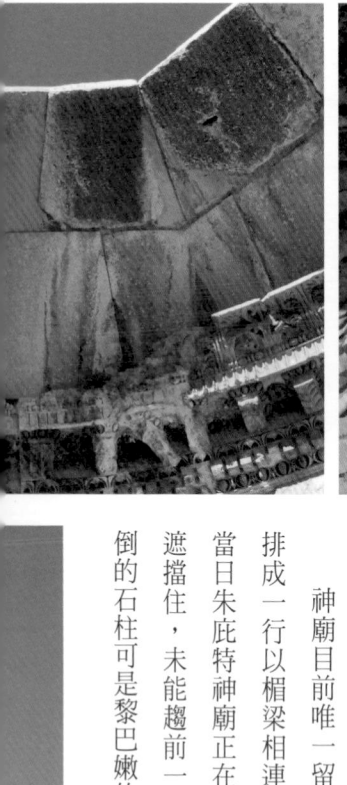

左：獅頭是作為出水口之用
中：透過柱廊的天井欣賞精采的雕刻
右：花崗岩上的女神與天使雕刻
下：朱庇特神廟正在進行維修，六根巨柱被棚架和布簾遮擋住

左：保存較完整的酒神巴卡斯神廟
右：酒神巴卡斯神廟正殿

神廟平臺上如今留有三塊體積達二十立方米的巨石，跟採石場所遺留下來的巨石一樣。究竟古人用何種方法將其由五公里之外搬移過來，又是如何堆砌建築起來，這些令人費解的謎團，都讓我一再佩服古人的智慧。

朱庇特神廟的左面是酒神巴卡斯神廟，規模較前者略小，長寬各為六十九米和三十六米，不過在神廟群中是保存得最完好的一座，也是精華所在。它的規模和保存狀態甚至優於希臘雅典的帕德嫩神廟。神廟外圍有四十二根柯林斯式廊柱，大致上都存留下來，其中十九根甚至相當完好。

在希臘羅馬神話中，酒神是庇佑植物、農業和釀酒的保護神，因而當我拾階而上，仰望十一米高的廟門時，觀察到門柱刻有葡萄和酒壺的圖案，便能夠理解為何會刻有這類的圖案。巴卡斯神廟帶給我的震撼，不單是它的規模，更在於它的細節。廟門頂部的橫梁是刻畫精緻的老鷹，代表朱庇特，鷹爪上抓了代表信使神墨丘利（Mercury）的杖，還有代表維納斯的丘比特雕刻。

神廟內部，除了大門外，其餘三面也皆被牆壁和石柱所環繞，刻滿各種花朵、水果、穀物的圖案，栩栩如生。據說石牆上的壁龕原有許多雕像，可惜多已損毀。有塊橫倒的殘缺浮雕，上頭刻畫了一位彷彿飄盪在水上、被巨蛇纏身的半身女神，導遊說是埃及豔后克麗奧佩脫拉的圖像，不過我翻閱資料查詢，並沒有找到相關的說法，大多解說為仙女的造型。

巴卡斯神廟前面是一座小巧玲瓏、造型為圓形的維納斯神廟，它已經殘破不堪，基座上遺留的僅有幾根石柱和部分牆身，周圍的保存情況也很糟糕，看起來就像是一片廢墟。若非導遊的說明，我絕對看不出它是一座受到青年男女歡迎的神廟。據說古代青年男女在酒神廟暢飲後，就會來到這裡歡聚。

左：酒神巴卡斯神廟廟門頂部橫梁刻有代表朱庇特的老鷹抓著代表墨丘利的杖，以及代表維納斯的丘比特雕刻
右：橫倒的殘缺浮雕，上頭刻畫了一位彷彿飄盪在水上、被巨蛇纏身的半身女神

置身在神廟群遺址的石柱、石牆以及散落一地的碎石瓦礫間，或許這兒曾經被歷史的洪流所淹沒，卻無法否認她曾經擁有如何璀璨耀眼的榮光，直至今日，巴爾貝克的風采依然帶給人們無限的遐想與緬懷。歲月如梭，時間是不等人的。我不禁思考，今日的我們，又將留給千百年後什麼樣的遺產，用來證明我們所生活的這個時代。是否能讓後人們，如現在我們仰望這些巍巍屹立千年的石柱一樣，感到同樣的撼動？

值得一提的是貝卡谷地的土地相當肥沃，是種植葡萄和釀製葡萄酒的絕佳地點，或許酒神神廟就是因此而建立的。在回程時，我順著葡萄種植園走入黎巴嫩最大的葡萄酒生產商，也是世界馳名的卡薩瓦酒莊（Chateau KSARA），品嘗出自貝卡谷地的葡萄酒，做一回不問世事的酒仙。

上：小巧玲瓏、造型為圓形的維納斯神廟，置身在一片殘存石牆、石柱的廢墟中
下：巴爾貝克神廟群的風采帶給人們無限的遐想與緬懷

一個失落的王朝

主要街道的十字路口四角各設了一座類似涼亭的建築物，如今修復了其中一座

黎巴嫩境內許多歷史古城、遺址，因為曾被不同時代與王朝所占領統治過，因此當地多保留有這些不同文明的痕跡，彼此間有著千絲萬縷的聯繫。然而我今天的目的地安傑爾（Anjar）卻大不相同，可以說是「前無古人、後無來者」。導遊介紹它是一個輝煌盛世的阿拉伯倭馬亞王朝遺址，沒有其他文明的交疊，保留了作為一個倭馬亞城市的建築架構。

我帶著考古的心情，來到貝魯特以東約五十八公里的安傑爾遺址園區，她同樣位在與敘利亞只有一山之隔的貝卡谷地，並於一九八四年被列入《世界遺產名錄》。世遺委員對這個地方有段精簡的描述：「安傑爾是由卡利夫·瓦利德一世於八世紀初設計建立的城市，其廢墟表明，其整體布局井井有條，使人聯想起古代的宮殿，如今，安傑爾成為倭馬亞城市規劃設計的唯一見證。」

來到遺址園區，參觀的旅客不多，或許因為鄰近地區局勢的不穩定，也或許是旅遊當局對外宣傳不足，多數人並不知道這裡竟然有過一個繁榮盛世。我想要多了解這遺址的歷史故事，因而仔細閱讀起園區內的資料指示牌。倭馬亞王朝是阿拉伯帝國第一個世襲王朝，在中國稱之為白衣大食，由倭馬亞家族建立，全盛時期在公元七到八世紀之間，版圖涵蓋中亞、阿拉伯半島、北非整個南地中海沿岸，以至伊比利半島，可謂盛極一時。

只可惜，王朝盛世還不到百年時間，公元六六一年到公元七五〇年，僅僅八十九年的倭馬亞時期就因過度征戰、勞民傷財、統治者驕奢腐化、王權爭奪，以及阿拉伯部族間的衝突，終使稱霸亞、歐、非三大洲的王朝無以為繼，黯然退出歷史的舞台。在歷史上驚鴻一瞥的倭馬亞王朝短時間的崛起和衰落大出歷史學家的意外。但古今中外，無論任何朝代，似乎都擺脫不了盛極必衰的歷史規律。所幸今日尚留下這座現存最大規模的王朝遺址提供考古學者研究，見證它曾經的富裕和強盛。

從地理位置來看，安傑爾曾是內陸商貿中心，位於大馬士革及南部絲綢貿易路線的交會點。安傑爾的建築年代約始於公元七一四年，然而尚未完全建設完畢，在公元七四四年卻已經遭到損毀廢棄了。遺城的面積約十一萬四千平方米，大致上呈現正方形，四面八方被兩米厚的城牆包圍，包括城門和四十座瞭望塔。

兩條呈十字的主要街道貫穿全城，將安傑爾劃分成四個區域，這樣的設計充滿羅馬的城市規劃風格。主要街道的十字路口四角各設了一座類似涼亭的建築物，從其中一座修復的建築可見到底部是石製基台，上頭豎立四根柱子，這也是羅馬城市建築的特色。

主要大道的兩旁，經考研人員的點算，共有六百多家店鋪。前方是一個個的拱門，從經過復原的拱門可以發現，柱子的粗細樣式居然並不相同。遺城中還有王宮、阿拉伯式的公共浴池和清真寺等，兩層拱門的王宮在這片滿是低矮牆壁、倒塌石柱和各種散落物的遺址間顯

得特別醒目。

導遊特別為我指出城內建築物都以石塊為基礎材料，但可以在某些部分發現石塊與石塊之間夾著磚塊，這種特別的設計，並非為了裝飾，主要的目的居然是為了防震，原來這種工法在地震發生時會有緩衝的作用。導遊還提到，建築城市時，工匠們有個習慣，會在石材上刻上專屬於自己的記號，如此一來，可以從中辨認是出自誰的精巧手藝，相當有趣。

上：獨一無二的阿拉伯倭馬亞王朝遺址
下：遺城大致上呈現正方形，四面八方被兩米厚的城牆包圍

上：公共浴池
下左：浴池的馬賽克地板
下右：有著兩層拱門的王宮遺跡

流落在安傑爾的敘利亞難民

而今住在安傑爾城的人口約三千人，多為亞美尼亞人後裔。追溯歷史，公元一九一五到一九一九年間，鄂圖曼帝國對亞美尼亞人實行了種族滅絕大屠殺，受害人數達一百五十萬之多。為了逃避屠殺，許多亞美尼亞人逃難到黎巴嫩，今日約有二十多萬人，占黎巴嫩人口的4%。當年逃亡到此地的有數千人，他們度過一段極其艱苦的歲月，終於重建家園，將安傑爾一帶的山谷沼澤變成綠地良田。

不過歷史往往就是這樣作弄世人。近十年來鄰國敘利亞不斷戰亂，使得一批又一批難民為了逃避戰火，登山涉水來到這裡，安傑爾再度成為難民們的避難所。據了解滯留在黎巴嫩的敘利亞難民已超過百萬，而留在這座遺城一帶的難民最少就有二、三十萬人。我乘車離開安傑爾時，從車窗放眼望去，公路邊雜亂無章的帳篷比比皆是，生活看起來相當簡陋困苦。這些難民都是迫不得已離鄉背井，我想他們應該都深切盼望著祖國終有一日能夠重拾和平，讓他們得以重返家園。

卡迪沙聖谷和紀伯倫

黎巴嫩著名的愛國詩人紀伯倫（Jibran Khalil Jibran），對自己祖國寫下一段情感豐富的散文詩：

你們有你們的黎巴嫩，
我有我的黎巴嫩。
你們有你們的黎巴嫩及其難題，
我有我的黎巴嫩及其瑰麗。
你們的黎巴嫩

聖谷貝什里小鎮

是時日企圖解開的政治死結，
我的黎巴嫩則是巍峨高聳、直插藍天的山嶽。
你們的黎巴嫩是形形色色的教派和政黨，
我的黎巴嫩則是攀登岩石、追逐溪流、在廣場上玩球遊戲的少年。

在黎巴嫩的行程已接近尾聲，這天我跟隨導遊驅車北上，前往黎巴嫩最深最美的河谷——卡迪沙山谷（Wadi Qadisha），也稱為聖谷（Holly Valley）。

我們先抵達聖谷的貝什里（Besharri）小鎮，這段路程層巒疊嶂、連綿起伏、古樹參天，風光如詩如畫，沿途不時見到星羅棋布的農田、果樹、教堂和屋舍。黎巴嫩文壇驕子，與印度泰戈爾齊名的東方文學大師紀伯倫正是在這般充滿大自然靈氣的寧靜小鎮度過了童年時光。

雖然紀伯倫十二歲便離開黎巴嫩前往美國，多半時間奔走於歐美之間，最後還在美國病逝，不過黎巴嫩在他的心中始終是世界上最美麗的地方。當他過世後，遺體被送回黎巴嫩，並安葬在故鄉貝什里的修道院內。修道院後來成為他的紀念館，藏品包含他位於美國居所的物品家具，還有四百四十件珍貴的畫作和翻譯成不同語言的著作，其中就有我所熟悉的散文詩《先知》。紀念館內不准拍照，我遇到幾位來自歐洲的旅客，他們同樣非常專心地聆聽導遊的講解。

紀念館前方是靄靄的雪松山脈

紀念館前方是靄靄的雪松山脈，山下是鬱鬱蔥蔥的幽深峽谷。或許因為他生在如仙境般的山谷，面對壯麗多姿的雪山，使得創作充滿著愛與美。他不僅熱愛祖國，也熱愛全人類，他曾經講過：「整個地球都是我的祖國，全部人類都是我的鄉親。」參觀他的作品後，使我不禁對這位「謳歌愛與美、擁抱全人類」的詩人和畫家多了一分敬重。可惜他英年早逝，只活了短短四十八年，便因病與世長辭，否則他在文學和藝術上的貢獻當不僅於此。

卡迪沙聖谷的岩壁上布滿自然形成的洞穴，連同一些人為蓋起的石屋，自基督教創建時便已成為重要的修道士聚居之地，他們為了逃避戰亂，或者為追求自我的修行提升來到此地。公元八、九世紀面對伊斯蘭教的擴張與迫害，聖谷更成為許多基督教徒的避難場所。

順著蜿蜒的山路，我在車上也充分領略到山高谷深的自然風光。稍後我們在聖谷最大的安東尼．卡茲哈亞聖人修道院（Mar Antonios Qozhaya）前停車，這也是唯一在一年四季歡迎旅客參觀的修道院。

修道院旁是修士們耕作自給自足的山間農地，感覺山谷中多了一分「人間煙火」。這些修士除了耕作外，每天也會前往修道院的岩洞教堂禮拜祈禱。我雖非教徒，來到這裡卻有種歸園田居的感覺，想必選擇來此的隱修士們，還有那些不遠萬里、跋山涉水前來的虔誠信徒們，也都懷抱「衣沾不足惜，但使願無違」的心境吧！

除了唯一有公路相通的安東尼修道院外，在聖谷的懸崖峭壁上和茂密松林間，還隱藏著不少用石頭砌成的小禮拜堂、寺院以及修道院。裡頭的信徒們分屬不同教派，講著不同語言，像是希臘語、阿拉伯語，甚至還有埃塞俄比亞（臺灣譯為衣索比亞）語，卻和諧地融入這個世外桃源中。聽導遊介紹，過去沒有盤山公路時，修行者可是得徒步跋涉，或以毛騾運送日常生活用品往返，歷盡艱辛。如今交通雖然方便許多，但要通往那些沒有公路到達的地方，還是得仰賴腳力。要修成正果，必須付出代價的。

為免影響他們的清修，我不便多加叨擾，匆匆告別這片幽靜的桃花源。

左：《聖經》中多次提到的香柏樹、植物之王、上帝的杉樹指的就是雪松
中：安東尼·卡茲哈亞聖人修道院結合自然形成的岩壁洞穴一起修建而成
右：修道院一隅
下：修道院的祭壇設在天然的岩洞中

卡迪沙峽谷底部流淌著卡迪沙聖河，圍繞的則是連綿的高峻山脈。此刻正值秋末，山峰上已積了一層白色薄雪，顯得格外神聖。我們在一處雪松保護區停下，這片自然保護區屬於埃登（Ehden），它是個被群山環繞的鄉村，坐落在黎巴嫩北部山區的西南坡。

雪松（Cedars）是黎巴嫩的國樹和象徵，在黎巴嫩國旗中央就有雪松的圖案，自古以來，在地中海地區就已聞名遐邇，《聖經》中多次提到的香柏樹、植物之王、上帝的杉樹指的就是雪松。腓尼基人、巴比倫人、埃及人、亞述人和希伯來人，都把雪松視為神聖的木材。許多神廟、宮殿都採用它來作建材，包括猶太人的所羅門聖殿等。埃及胡夫金字塔（Pyramid of Khufu）內，法老殉葬品中的太陽船也用雪松製成，且材料更是從我先前到訪過的比布魯斯港口運輸過去的。

我下車漫步，氣候相當宜人，周遭風景如畫，猶如走進了童話森林裡。站在蒼勁挺拔的雪松下，「樹高風有態」，我深深吸口氣，如此純淨清新，對於一個城市人來說，這真是至高無上的奢侈享受呀！

遺憾的是，由於長期大量的濫伐，一度覆蓋整個黎巴嫩的雪松，現今只存留於幾個雪松保護區內。無論世間的紛紛擾擾，這些超過千年樹齡，成為黎巴嫩精神象徵的雪松仍巍峨屹立，始終如一，傲然俯視著它腳下的山川和人民。

埃登雪松保護區

後記

二〇一八年初，前一本博文集《老玩童闖印度》付梓時，我的世界旅行地圖剛添上第126個國家。截至本書完稿前的二〇一八年十月，黎巴嫩成為我所走過的第142個國家，相信達成遊歷世界150個國家的目標已指日可待。

位於歐、亞、非三洲交會處的中東地區，古老的文明在此相互碰撞或融合，這兒擁有悠久的歷史，又是伊斯蘭教、基督教和猶太教的發源地，文化底蘊豐富，卻也因為地理位置特殊，以及種族、宗教和石油資源等因素，導致烽火連天、紛擾不休。作為戰事與衝突頻仍的世界火藥庫，中東地區總使人感覺到充滿神祕卻又危機四伏，也因為有關此區局勢不穩定的消息時有所聞，使得旅客往往為此裹足不前。更由於在阿拉伯半島國土面積最大的沙特阿拉伯尚未開放觀光簽證（已有計畫開放，但尚未宣布確切日期），提升前往當地的困難度，也讓這片土地彷彿罩上一層面紗，帶有朦朧的距離感。

事實上，這些年我前往中東地區的次數並不算少，但多僅限於阿拉伯聯合酋長國（註：阿拉伯聯合大公國）下的幾個酋長國，尤其是集團分公司所在地的迪拜，更是數不清已經前往多少次。不過，隨著業務的拓展，我也持續延伸中東的旅遊觸角，逐步探索其他的阿拉伯國家。沙特阿拉伯、約旦、巴林、黎巴嫩等國便都是我近一、兩年來才開始拜訪的國家。無論是壯闊無垠的荒漠高原、年湮代遠的古城遺址，抑或充滿創新活力的現代都會，都帶有無窮的魅力，耐人尋味，吸引我一再往返。但某些地區出於衝突和難民等因素，安全方面仍有疑慮，建議若要訪遊，千萬密切注意局勢發展，並盡量避免在危險地區逗留。

新書很榮幸能邀得以下幾位好友幫忙寫推薦序，感謝他們百忙中答應我的不情之請：

- 西安美術學院黨委書記王家春
- 金銀業貿易場理事長張德熙
- 香港中文大學文物館副研究員何碧琪
- Hayel Abu Hamdan, Chief Operating Officer of Hantec Markets Limited
- 亨強國際旅行社總經理陳淑燕

二〇一七年，我舉辦了首場個人攝影展，精心挑選三十餘次前往中國東北時所拍攝的照片，獲得許多朋友和觀眾的熱情回應。二〇一八年，我以非洲的原始與自然為主題，在台北、香港舉辦了《原．野》攝影展。同時在成都、重慶、福州等地舉辦攝影展，呈現寶島臺灣的風土人情、千姿百態。幾場攝影展的成功，給予我信心與鼓勵，再接再厲更加精進自己的攝影技術，希望未來能讓大家欣賞更多這世界各個角落的精采瞬間。當然，我也會繼續秉持初衷，做一個用心走遍世界、快樂分享見聞的旅人。

鄧予立

國家圖書館出版品預行編目資料

老玩童漫遊阿拉伯：沙特阿拉伯、巴林、約旦、黎巴嫩／鄧予立著. --初版.--臺中市：白象文化，2019.3
面； 公分.——（鄧予立博文集；11）
ISBN 978-986-358-788-0（精裝）
1.遊記 2.中東
735.09 107023795

鄧予立博文集（11）

老玩童漫遊阿拉伯

沙特阿拉伯、巴林、約旦、黎巴嫩

作　　者　鄧予立
校　　對　鄧予立
專案主編　徐錦淳
出版編印　吳適意、林榮威、林孟侃、陳逸儒、黃麗穎
設計創意　張禮南、何佳諠
經銷推廣　李莉吟、莊博亞、劉育姍、李如玉
經紀企劃　張輝潭、洪怡欣、徐錦淳、黃姿虹
營運管理　林金郎、曾千熏
發 行 人　張輝潭
出版發行　白象文化事業有限公司
412台中市大里區科技路1號8樓之2（台中軟體園區）
出版專線：（04）2496-5995　傳真：（04）2496-9901
401台中市東區和平街228巷44號（經銷部）
購書專線：（04）2220-8589　傳真：（04）2220-8505
印　　刷　基盛印刷工場
初版一刷　2019年3月
定　　價　299元